トルストイ 人生に贈る言葉

Лев
Николаевич
Толстой

公開霊言

大川隆法

Ryuho Okawa

本霊言は、2012年8月24日（写真上・下）、幸福の科学総合本部にて、
質問者との対話形式で公開収録された。

まえがき

押しも押されもせぬロシアの大文豪《だいぶんごう》トルストイ。だが、現代の若者には印象が薄れつつあることだろう。しかし、老トルストイが大地を耕す姿を、同時代の世界の人々は、神の如く慕《した》い、その言葉の一つ一つを聖書の聖句のように捉《とら》えようとした人も多かった。トルストイの持つ偉大な光が、ソ連邦の政治や経済、軍事の闇を照らし切ることができず、左翼《さよく》になびく宗教的人間を多数つくり出したことは、歴史の皮肉といわざるをえない。

私自身も、スターリンの恐怖政治から、ソルジェニツィンの『収容所群島』が世界に知られるまでの、ソ連の悪魔支配と、日本の左翼知識人・左翼マスコミの隆盛に対しては言葉がない。

本書の刊行により、ロシアに再び聖なる光が灯《とも》り、「真理」を介《かい》して日本との友好が復活し、神の光が地に満ちる世界になることを祈りたい。

二〇一二年　九月十日

幸福《こうふく》の科学《かがく》グループ創始者兼総裁《そうししゃけんそうさい》　大川隆法《おおかわりゅうほう》

トルストイ——人生に贈る言葉　目次

トルストイ——人生に贈《おく》る言葉

二〇一二年八月二十四日　トルストイの霊示《れいじ》
東京都・幸福の科学総合本部にて

2 「ロシア革命」について想《おも》うこと 37

9 光あるうちに、光のうちを歩め 125

10 「トルストイの霊言」を終えて 128

あとがき 138

「霊言現象《れいげんげんしょう》」とは、あの世の霊存在の言葉を語り下ろす現象のことをいう。これは高度な悟《さと》りを開いた者に特有のものであり、「霊媒《れいばい》現象」（トランス状態になって意識を失い、霊が一方的にしゃべる現象）とは異なる。外国人霊の霊言の場合には、霊言現象を行う者の言語中枢《ちゅうすう》から、必要な言葉を選び出し、日本語で語ることも可能である。

なお、「霊言」は、あくまでも霊人の意見であり、幸福の科学グループとしての見解と矛盾《むじゅん》する内容を含《ふく》む場合がある点、付記しておきたい。

トルストイ――人生に贈《おく》る言葉

二〇一二年八月二十四日　トルストイの霊示
東京都・幸福の科学総合本部にて

レフ・トルストイ（一八二八〜一九一〇）

ロシアの文豪《ぶんごう》、思想家。伯爵《はくしゃく》家に生まれ、幼少時に両親を亡《な》くす。二十三歳《さい》で軍務につくと同時に執筆《しっぴつ》活動を始め、結婚《けっこん》後は領地で創作活動に専念する。代表作は『戦争と平和』『アンナ・カレーニナ』『復活』など。道徳的・宗教的著作や思想を世に問い、晩年、信奉者《しんぽうしゃ》が国内外から集まったことで、家庭の不和を招く。末娘《すえむすめ》をつれて家出をするが、鉄道駅で肺炎《はいえん》のため死去する。

質問者　※質問順

小林早賢《こばやしそうけん》（幸福の科学広報・危機管理担当副理事長）
綾織次郎《あやおりじろう》（幸福の科学理事 兼《けん》「ザ・リバティ」編集長）
市川和博《いちかわかずひろ》（幸福の科学専務理事 兼 国際本部長）

［役職は収録時点のもの］

1　トルストイに「平和主義」の真義を訊《き》く

大江健三郎《おおえけんざぶろう》氏は「トルストイのような人間」なのか

大川隆法　実は、昨日の夕方から夜にかけて、作家の大江健三郎《おおえけんざぶろう》氏の守護霊《しゅごれい》の霊言《れいげん》を録《と》りました（『大江健三郎に「脱《だつ》原発」の核心《かくしん》を問う』〔幸福の科学出版刊〕所収）。大江氏は、今、脱原発運動のリーダーをしているため、その本心を糺《ただ》そうと思ったのです。

その際、大江氏の守護霊は、「自分は、ガンジーやトルストイ、キング牧師のような人間だ」というようなことを言いました。

ガンジーについては、当会でも、調べは終わっており（『大川隆法霊言全集第10巻』〔宗教法人幸福の科学刊〕第3章参照）、大江氏とかなり違《ちが》うことははっきりしています。

しかし、トルストイについては、調べていないし、当会の霊言集にもまだ登場していません。そこで、「大江氏の守護霊がそうおっしゃるのならば、彼がトルストイと一緒《いっしょ》かどうか、さっそく、調べてみよう」と思った次第《しだい》です。このへんが、当会の動きの早いところです。

大江氏の守護霊にしてみれば、「平和主義」という意味で同じつもりなのかもしれませんし、「トルストイ同様、自分も文学者である」と言いたいのかもしれません。

ただ、当会は今、その文学世界についても、宗教の立場から、レベル判定というか、善悪の判定、天国・地獄《じごく》の判定をかけ始めているところです（『「文春」に未来はあるのか――創業者・菊池寛《きくちかん》の霊言――』『芥川龍之介《あくたがわりゅうのすけ》が語る「文藝春秋《ぶんげいしゅんじゅう》」論評』『司馬遼太郎《しばりょうたろう》なら、この国の未来をどう見るか』『地獄の条件――松本清張《まつもとせいちょう》・霊界《れいかい》の深層海流』〔いずれも幸福の科学出版刊〕参照）。したがって、そうした言葉を聞き逃《のが》すことなく、この機会に調べてみたいと考えます。

トルストイは、十九世紀から二十世紀の初めにかけての人です。もし、当時のロシアに、光の天使や大天使のような人が出ているとしたら、このトルストイなどは、その候補の一人であろうと思います。

彼は、独立運動によって、国を独立にまで導いたわけではないため、「ガンジーと同じ実績がある」と言えるかどうかは分かりませんが、確かに、ガンジーに比肩《ひけん》される人として、名前が出てくる可能性はあるでしょう。

一八二八年生まれであり、吉田松陰《よしだしょういん》らと近い年代の人です。ただ、トルストイは、一九一〇年、八十二歳《さい》まで生きたので、日清《にっしん》・日露《にちろ》戦争や、その後のロシア革命の始まり（ロシア第一革命）を見ています。第一次大戦までは、見ずに亡《な》くなったと思います。

文学者でありつつ、宗教家的な魂《たましい》でもあったトルストイ

大川隆法　トルストイの有名な作品としては、ロシアとナポレオンとの戦争を書いた『戦争と平和』や、『アンナ・カレーニナ』『復活』などが挙げられます。このあたりは非常に有名だと思います。

『戦争と平和』に関していうと、彼は、この作品を書くに当たって、小さな図書館分ぐらい、ナポレオン戦争に関する資料を集めたそうです。その話を、私は若いころに読み、「すごいなあ。文豪《ぶんごう》になると、そういうものなのか」と思いました。実際に読めたのかどうかは知りませんが、そう思ったのを覚えています。この人には、それだけの印税収入もあったのでしょう。

『アンナ・カレーニナ』に関しては、冒頭《ぼうとう》の文章だけがよく覚えられていると思います。すなわち、「幸福な家庭はすべて似たようなものだが、不幸な家庭はどこもその不幸の事情がそれぞれに違う」というような文章が冒頭にあり、これだけがよく引用されていて、「あとは覚えていない」という人がほとんどです。

ただ、私たちのような宗教家は、「幸福な家庭はどこも似たようなものだが、不幸な家庭はそれぞれ事情が違う」と言われても、ピンとは来ません。不幸な家庭も幸福な家庭も、みな、それぞれの事情を抱《かか》えているように見えるので、「それほど単純ではない」と感じています。

『復活』に関しては、もともと、友人の文筆家から聞いたエピソードをもとにしたものであり、その人に実際に書くように勧《すす》めていたテーマだったのですが、「まだ書いていないのなら、それを譲《ゆず》ってもらえるか」と頼《たの》んだところ、向こうが「喜んでお譲りする」と言うので、引き受けて書いたものです。ところが、意外に難儀《なんぎ》した大作《たいさく》になったようです。

あるとき、トルストイは、「私の伝記には、よいことばかりが書いてあるが、私は、本当はそういう人間ではないのだ」と、自分の若いころの過《あやま》ち等を告白しており、それを、この『復活』に事寄せて書いたことが知られています。

　そのように、トルストイは、聖なるものと俗《ぞく》なるものの間の綱引《つなひ》きのなかを、ずっと生きてきた人なので、文学者ではありつつも、ある意味で、宗教家的な魂《たましい》でもあるのではないかと考えます。

　また、この人の作品では、民話なども有名です。小学生ぐらいの子供時代に、「トルストイの民話」を読みやすいかたちで読んだ人は多いと思います。

　例えば、『イワンのばか』など、悪魔《あくま》の挿絵《さしえ》が描《か》かれているような民話を読んだ人は、大勢いるのではないでしょうか。

　私にも読んだ覚えがあります。畑に直径三十センチぐらいの穴があって、そこから、尻尾《しっぽ》のある小悪魔がポコポコと出たり入ったりするような絵が描かれており、それを見て、「悪魔って、こんな姿なのかなあ」と思った覚えがあるのです。

「トルストイ主義」を掲《かか》げ、ロシア正教から破門される

大川隆法　トルストイ作品の全体的な感想としては、いろいろな面で、キリスト教的な色彩《しきさい》がそうとう強く出ているのを感じます。ただ、それは、いわゆる「トルストイ主義」というかたちになっており、既成《きせい》の教会の考え方と一緒ではなかったと思います。

彼は、七十三歳のときに、「教会等、既成の宗教を批判した」というかどで、ロシア正教から破門されています。

子供時代に、私は、トルストイの書いた『聖書』を読んだことがあります。その本は、父の若いころの愛読書の一つだったようで、家に置いてあったので

す。それは、『聖書』と言っても、トルストイが、「四福音書《しふくいんしょ》」などを研究し、「イエス伝」風にリライト（書き直し）したものだったので、「トルストイがつくったキリスト教」と言ってよいものかもしれません。

それを十代ぐらいに読んだ覚えがありますが、その『聖書』では、奇跡《きせき》物語がほとんどカットされており、キリストの人生がいわゆる道徳論として書かれていたように理解しています。「イエスの教えが、非常に合理的で道徳的な話として解釈《かいしゃく》し直されたかたちで、出来上がっている」という感想を持ちました。死んだ人が甦《よみがえ》ったり、水がワインに変わったり、盲人《もうじん》が目あきになったりしたような奇跡的な逸話《いつわ》がすべて外してある、合理的な『聖書』だと思ったのです。

そのため、父が愛読書として読んでいたわりに、私のほうは、あまり感動を受けず、少し浅い道徳レベルに感じたのを覚えています。

父が読んでいた当時は、左翼《さよく》運動や共産主義運動が盛《さか》んだったので、おそらく、奇跡物語をカットしているあたりに、左翼運動と宗教的なものを共に信じる人が両立しかねる部分を〝中和〟するものがあったのかなと考えています。

信奉者《しんぽうしゃ》の増加とソフィア夫人《ふじん》との葛藤《かっとう》

大川隆法　この「トルストイ主義」と言われる思想には、だんだん信奉者《しんぽうしゃ》が増えてきて、しだいに、世界各地からトルストイの自宅に人が訪問してくるようになります。大きな自宅だったものの、巡礼《じゅんれい》のように、いろいろな人が来るようになってきて、家庭生活のほうに影響《えいきょう》が出始めるのです。

日本では、二年ほど前に、「終着駅―トルストイ最後の旅―」という映画が公開されました。マイナーな上映だったので、多くの人は見ていないと思います。

トルストイの妻、ソフィア夫人《ふじん》は、彼が『戦争と平和』を書き始めたころから手伝いに入ったのですが、最初、この夫人とは大恋愛《だいれんあい》をしており、十何人も子供ができています。そのように、長く一緒にやってきたわけです。

しかし、晩年になると、トルストイの周りに、彼の信奉者がたくさん集まってくるようになります。そして、その人たちが、農村運動といいますか、今で言う菜食主義者、ベジタリアンのコロニー（生活共同体）のようなものをつくって生活し始めたころから、家族との葛藤《かっとう》が起き始めるのです。

彼の信奉者たちは「トルストイ協会」のようなものまでつくりたかったよう

です。それについては、トルストイ自身もはっきり賛成というほどではなかったようですが、晩年、自分の土地は家族に分け与《あた》え、その他の財産や印税等は、そうしたコロニー運動をやっている人たちの協会に寄付しようとしたため、奥《おく》さんとの間で葛藤が起きました。

ソフィア夫人にしてみれば、「十何人も子供を産んで、あなたが小説を書き続けるのをずっとサポートしてきた私よりも、そんな見知らぬ、あなたの小説を読んで集まってきた信奉者たち、巡礼者のような人たちのほうを取るの？彼らが村をつくって生活しようとするのに金が要《い》るからといって、印税などを全部あげてしまおうとするなんて、私と彼らのどちらを取るの？」という感じであり、葛藤がそうとう起きたわけです。

映画のなかでも、最後、ソフィア夫人が家のなかで銃《じゅう》をぶっ放し、ガラスの写真立てに入っている写真などをバンバンと撃《う》つなど、「悪魔に取り憑《つ》かれたか」と思うような激しくて荒《あら》っぽいシーンがたくさん出てきましたが、実際に彼女はかなり荒れたようです。

家出をし、旅先の駅で迎《むか》えた寂《さび》しい最期《さいご》

大川隆法　ちなみに、「世界三大悪妻《あくさい》」と呼ばれている人たちがいます。

その一人は、ソクラテスの妻のクサンチッペです。この人の悪妻ぶりは、いろいろと面白《おもしろ》おかしく言われています。例えば、「寝《ね》ているソクラテスにおしっこをかけた」という話から始まって、「幼子《おさなご》を抱えていたのに、ソクラテスが死刑《しけい》になり毒杯《どくはい》を仰《あお》いで死んでいったことについてまで、怒《おこ》っていた」と言

われており、弟子《でし》たちからは、悪妻としてずいぶん批判されました。

さらに、二人目は、ナポレオンの妻のジョセフィーヌです。この人は、少し違ったタイプの悪妻です。彼女は、「ナポレオンが遠征《えんせい》している間に、留守《るす》をしている彼の部下と浮気《うわき》をする」という悪妻であり、その意味では、遠征しづらい妻でした。

ただ、彼女は、悪妻ではあるけれども、わりと運のよい人だったようです。ナポレオンは、ジョセフィーヌと一緒にいたときは戦いに勝っていたのですが、別れてからあとは勝てないこともあったようなので、ツキのある人だったのかもしれません。

三人目が、トルストイのソフィア夫人です。トルストイは、晩年、妻との口論やいさかいに耐《た》えられなくなって家出をするわけです。

前述した「終着駅」という映画では、家出をしたトルストイが病気だったため、娘《むすめ》が秘書のような役割で付き添《そ》っていました。トルストイは、ロシアの南方に旅行し、駅で倒《たお》れ、駅長室で看病されながら亡《な》くなるのです。その駅は、今、「レフ・トルストイ駅」と名を変えているようですが、映画は、そのあたりの、「家出をして死ぬ」という最期《さいご》を、少し感動的に描《えが》いていました。

私も、最近、身につまされる思いをしています。自分と似たような人を見て、「やはり、偉《えら》い人というのは、みな、奥さんで難儀するのだな」と思いました。だいたい、サラリーマン亭主《ていしゅ》を超《こ》えてしまった場合、家庭的にはけっこう厳しい経験をさせられるものです。

トルストイについては、大まかには、そんなところです。

「霊界《れいかい》の証明」と「霊的な判定」を兼《か》ねて霊言《れいげん》を収録する

大川隆法　トルストイの短編や小編など、キリスト教的な色彩を帯びた文章のなかには、光をそうとう感じるので、この人には真理について分かっていたところがあるのではないかと思います。

ちなみに、ドストエフスキーは、トルストイと並んで、「ロシア文学の双璧《そうへき》」と称《しょう》される文豪です。彼については、霊的《れいてき》にまだ調べてはいませんし、確かに難解な文学ではありますが、彼の作品には、「光と影《かげ》」がはっきりとは分からない面があって、天国的なのか地獄的なのか、やや不明な感じを、私は受けています。

しかし、トルストイについては、たとえ問題点があったとしても、宗教的な魂として、かなり強い光なのではないかと推定しています。

今、私は霊言集《れいげんしゅう》を数多く出していますので、「霊言を安易に本にしている」と、〝霊言商法〟風に批判される向きもある（経営難の某《ぼう》週刊誌）かとは思いますが、私の真意の一つは、「霊界の証明」にあります。これは、そう簡単にできるものではないので、何とかして、それをやってみたいのです。

もう一つの意図は、「世界に霊能者が大勢いたとしても、トルストイ クラスの霊を呼ぼうと思って呼べる人はいないので、私にしか呼べないと思われる霊《れい》人《じん》については、なるべく呼んで、霊的な判定をしておきたい」ということです。

現代における「トルストイの平和主義」を訊《き》いてみたい

大川隆法　トルストイは、「平和主義」を持っていたし、「キリスト教的な考え」も持っていた人ですから、おそらく、「今のロシアや中国、日本のあり方」について、また、「戦争と平和の考え方」について、あるいは文学等について、さまざまな意見をお持ちだろうと思います。

『戦争と平和』の背景はナポレオン戦争でしたが、ナポレオンやヒトラーとの戦争では、ロシア（あるいは旧ソ連）に入った敵軍は、みな、冬将軍にやられて撃退《げきたい》されました。また、日本は、元寇《げんこう》で蒙古《もうこ》に攻《せ》められましたが、二回とも神風《かみかぜ》（台風）が吹《ふ》き、それで勝ったようなことがありました。

しかし、現代はそうした状態ではありません。

例えば、今日の新聞等には、「中国は、アメリカに先制攻撃《こうげき》をかけられる、一万キロ以上の航続距離《きょり》を持った長距離弾道《だんどう》ミサイル『東風《とうふう》41号』の実験を七月下旬《げじゅん》に行っていたらしい」ということが載《の》っていました。現代の戦争は、昔のように、冬将軍で追い返したり、台風で追い返したりできるような簡単なものではありません。そういう状態に、もう入っているかもしれないのです。

こういう時代に、トルストイの平和主義は、いったいどのようになるのでしょうか。やはり気にはなります。

大江健三郎氏などは、「トルストイの時代には核兵器はなかったけれども、彼が現代に生きていれば、たぶん、自分と同じく『平和主義』で、核兵器には反対だろうし、戦争にも反対だろう」と考えているようですが、トルストイが、本当に、大江氏と同じように考えているのかどうか、知りたいところです。

また、トルストイは、『戦争と平和』のなかで、「ナポレオンこそ、『黙示録《もくしろく》』のヨハネが言う『666《ろくろくろく》』であり、海から上がってくる獣《けもの》に違いない」という謎《なぞ》解きをしていたと思います。

聖書学者等の研究家は、「『666』というのは、ローマ時代の皇帝《こうてい》ネロのことだろう」という考えを公式には示しています。これが通説なのです。ただ、ナポレオンがそれに比肩されたり、ヒトラーがそうだと言われてみたり、あるいは、映画の世界ではありますが、「オーメン」のダミアンが出てきたり、「666」の解釈にも、いろいろと忙《いそが》しいものがあります。

はたして、ナポレオンはヒトラーと同じような人なのでしょうか。私の著書では違っているのですが（『黄金の法』〔幸福の科学出版刊〕参照）、これについては、別途《べっと》、調べる必要があるでしょう。

当会は、神武《じんむ》天皇や佐久間象山《さくましょうざん》の霊言を行うのみならず（『神武天皇は実在した』〔幸福の科学出版刊〕『佐久間象山　弱腰《よわごし》日本に檄《げき》を飛ばす』〔幸福実現党刊〕参照）、トルストイの霊言も録ったりしますので、信者のみなさんも大変でしょう。仕事が忙しいのに、あまり刺激《しげき》をしては、睡眠《すいみん》時間がなくなるのではないかと少し心配をしています。そのため、概論《がいろん》で入門的な感触《かんしょく》を簡単に得られるよう、話をした次第です。

今日は、国際本部長も質問者として来ているので、「もし、『トルストイの霊言』で、よい人生論のテキストができれば、ロシア伝道に使えるのではないか」と考えているのではないかと思います。取っかかりとしては、確かによいかもしれません。

「トルストイが、幸福の科学を見たらどう思うか」ということも、訊《き》いてみたいポイントではあります。

以上、前置きとして、概要を述べましたので、トルストイの作品を読んでいない人でも、雰囲気《ふんいき》はだいたい分かっていただけたのではないかと思います。

ロシアの文豪《ぶんごう》・トルストイを招霊《しょうれい》する

大川隆法　私は、トルストイの主要な作品は、全部読んでおり、なかには、二、三回読んでいるものもありますが、登場人物が多いので、個々人について論評できるほど覚えてはいないし、筋書きも細かく追えるほど研究はしていません。

したがって、今日は、作品には深入りしない範囲《はんい》内で、トルストイの考えそのものに迫《せま》りたいと考えます。

それでは、初めてになりますが、ロシアの文豪《ぶんごう》レフ・トルストイをお呼びしたいと思います。

（合掌《がっしょう》し、瞑目《めいもく》する）

ロシアの有名な世界的文豪、レフ・トルストイを招霊《しょうれい》したいと思います。

トルストイの霊よ、トルストイの霊よ。

どうか、幸福の科学総合本部に降りたまいて、あなたの持っておられる「トルストイ主義」、宗教に対する考え、現在の世界情勢に対する考え、あるいは、戦争と平和に対する考え、その他、われわれの参考になることを、どうか、ご教示《きょうじ》賜《たまわ》りたく、お願い申し上げます。

レフ・トルストイの霊よ。

どうか、幸福の科学総合本部に降りたまいて、われらを指導したまえ。

トルストイの霊よ。

どうか、幸福の科学に降りたまいて、われらを指導したまえ。

（約三十秒間の沈黙《ちんもく》）

2 「ロシア革命」について想《おも》うこと

「文学者としての力不足」を嘆《なげ》く

トルストイ　うーん……、うーん。

小林　トルストイ先生でいらっしゃいますか。

トルストイ　（背広のボタンを外す。まぶしそうな表情をしながら）

ああ、ここは光が強いなあ。

小林　本日は、トルストイ先生に、さまざまなご意見を聴《き》かせていただければと思い、幸福の科学総合本部に招霊《しょうれい》させていただきました。

トルストイ　まあ、分かった。分かったけど、ちょっと待ってな。ああ、百年……、百年はたっておるだろう。ああ？　百年以上たっている。こんなのは初めての経験なので、ちょっと今、戸惑《とまど》っている。ああ……、百年……。百年後かあ。百年後の世界に来ているんだよなあ。うーん、私でお役に立てるかなあ……。

小林　いえいえ。先ほど、幸福の科学の大川隆法総裁から、お言葉がございましたように、「もし、ロシアに神の光が降りたとすれば、トルストイ先生にその可能性がある」というご指摘《してき》を頂きましたので、今日は、ぜひ、日ごろお考えのことや、「百年前のロシアに、どういう使命を持って降りられたのか」等、そのあたりを糸口としてお話しいただければ、たいへん幸いに思います。

トルストイ　いやあ、私は、君が考えているような偉《えら》い者ではないよ。

私が出ても、ソ連邦《れんぽう》という、かなり恐《おそ》ろしい国家ができて、民衆は闇《やみ》のなかに長く置かれた。

ソ連邦が崩壊《ほうかい》した今も、内戦が起きたり、いろんな所で貧困があったり、苦しみは続いているので、私は、その後の世界に対して、ハア（ため息をつく）

……、力不足だったなあ。私の文学では、ロシアを照らすことは十分にはできなかったかなあ。

小林　ただ、トルストイ先生の作品は、小説としては、かなり宗教的色彩《しきさい》が濃《こ》く、世界の文学史のなかでも、なかなか比肩《ひけん》されるものがない、大きなものだったと思うのです。

トルストイ　ああ、君はいい人だねえ。君はいい人なんだ。

小林　例えば、『戦争と平和』などには、さまざまな宗教的な切り口が入っており、歴史のなかで、そこまで踏《ふ》み込《こ》んで書かれる小説家は、それほど多くありません。その意味では、そうしたメッセージを発信されたお姿を、多くの読者が感じ取っているのではないかと思いますので、そのあたりについて、少しコメントなどを頂ければ幸いです。

トルストイ　私が亡《な》くなったあと、（ロシアは）唯物論《ゆいぶつろん》・無神論の国家へと、どんどんと進んでいったのでね。まあ、文学の世界においては、私が書いたもののなかに、キリスト教的精神やその他の宗教的な精神が一部、遺《のこ》ってはいたので、せめて、それが、民衆の心の拠《よ》り所《どころ》になっていたら、多少の救いにはなったかもしれない。あるいは、それが、ロシアから世界の人へのメッセージとして、かすかにでも、世を照らす光になっていたなら、うれしいがなあ。

ただ、晩年、私は、農村生活をした仙人《せんにん》みたいなものだったのでな。

キリスト教からは破門されたし、日本人の弟子《でし》が、『老子道徳経《ろうしどうとくきょう》』などを翻《ほん》訳《やく》してくれて、老荘《ろうそう》思想に凝《こ》ったりもしたからね。まあ、思想的には、「トルストイ主義」と言うけど、何だか、新しい宗教でもつくろうとして失敗したようなかたちで終わったのかなあ。うーん、そんな感じかなあ。だから、私は、「新しい宗教をつくろうとして、つくれなかった文学者」かな。ハハハ……。

「平和」や「平等精神」によって、人々を幸福にしたかった

小林　トルストイ先生は、キリスト教をのみ込んだような、あるいは、その先を行くような新しい宗教を、文学を通して表現しようとされましたが、そうし

た考え方の足場となった部分が作品のなかにあったように感じられます。
そして、それは、既存《きそん》の教会に対する批判などとして表れていたと思いますが、そうした新しい宗教や思想をどのように伝えようとされたのでしょうか。その中身や考え方の足場について教えていただければ、たいへんありがたく思います。

トルストイ　まあ、君たちの時代とはちょっと違《ちが》うので、一緒《いっしょ》ではないと思うけれども、当時は、帝政《ていせい》が続いていて、一部の土地貴族が富んでおり、民衆は農民として苦しんでいる時代であったのでね。
私も、伯爵《はくしゃく》家という名家《めいか》に生まれた者だけど、幼くして両親を亡くしたりして、そんなに順風満帆《まんぱん》な人生というわけではなかった。ただ、多くの人が苦しみのなかにあるのに、一部の貴族だけが豊かな暮らしをしていることに対しては、自分の出自《しゅつじ》も含《ふく》めて反省することもあったなあ。

それから、そういう身分や経済力の差が、人間の偉さの差になるようなところについて、「何らかの救いが要《い》る」という気持ちはあった。

また、社会のなかで、そういう貧富の差による苦しみが生まれているにもかかわらず、ナポレオン戦争やクリミア戦争など、いろいろな戦争が起きることによって、さらに経済的に疲弊《ひへい》して、弱い者がさらに苦しむような時代も長かったのでね。

そういう意味で、私は、「平和をつくり出したい」という気持ちや、「平等精神をつくって、人々に幸福感を分かち合ってもらいたい」という気持ちは持っていたので、そういう考えの一部が、ソ連邦などの共産主義体制に、ある意味で反映されてしまったのかもしれないとは思う。まあ、私は、政治的なところまでは十分に理解できておらず、文学的にのみ言っていたんだけどね。

その後、ソルジェニツィンという人が、『収容所群島』を書いて、ソ連の実態を明らかにした。日本から見れば、「理想の共産主義社会」「平和で平等な社会」と思われていたソ連が、実は、「意見の異なる人たちを次々と収容所に送り込むような、体制を維持《いじ》するだけの国になっていた」ということが、のちに暴《あば》かれることになったわけだな。

「平等」の解釈《かいしゃく》の違《ちが》いが国家観の分かれ道になった

トルストイ　理想主義というのはねえ、実際にやってみると、いや、「やらせてみると」と言うべきかもしらんが、理想主義を唱えても、それを他の人にやらせてみたら、現実には、全然違《ちが》った結果が出てくることもあるんだよ。

つまり、権力者や大金持ちなどを引き倒《たお》すことに対しては、みな熱狂《ねっきょう》して、その気になる。その後、本当に豊かで平等になるならいいんだけど、単に、反体制側の人を収容所に送って、一握《ひとにぎ》りのノーメンクラトゥーラ（共産党政府の特権的幹部）が独裁し、あとは貧しいままの平等で、「ユートピアに住んでいる」と思い込ませるような思想教育をずっとやってきた。

これは、中国にも飛び火したし、今の北朝鮮《きたちょうせん》にも飛び火した思想だけどね。

だから、解釈《かいしゃく》によっては、難しいものがあると思うよ。

そういう「平等」の考えには、ソ連や中共《ちゅうきょう》（中国共産党）的になったものもあれば、日本やアメリカのように、「四民《しみん》平等的、民主主義的に、みんなに成功するチャンスを与《あた》え、富を増やしていく平等主義」になったものもあった。この「平等」の解釈の違いが、その後の国家観の分かれ道になった感じはする。

私自身、貴族の生まれで、大きな土地や家屋敷《いえやしき》を持っていたし、小作農もいたし、世界的に本が売れたので、印税収入もそうとうあった。だから、晩年、そういうお金をいろいろな人に配ったりして、一生懸命《いっしょうけんめい》、罪悪感の解消をやってはおったんだ。ただ、それだけで解決するようなものでもなかったので、やはり、もうちょっと、システマティックなものの考え方が要ったんだろうけど、それが、どうしても開発できなかったんだよ。

ナポレオン戦争にしても、私は、「そういう一人の独裁者的英雄《えいゆう》が出てきて、結果的に民衆を苦しめる」というような理解をしていたんだけども、「理解に、若干《じゃっかん》、違うものがあったのかな」という感じはしているな。

「近代の革命は全部同じ」と捉《とら》えることはできない

小林　そうしますと、生前、『戦争と平和』のなかで、ナポレオンを、ヨハネの『黙示録《もくしろく》』に出てくる「666《ろくろくろく》」だと評価された部分に関しては、今、おっしゃられた平等や自由の解釈のところで、考え方に少し検討の余地があったわけでしょうか。

トルストイ　近代の革命は幾《いく》つかあったと思うんだよね。ロシア革命もあったし、フランス革命もあった。アメリカの独立戦争もアメリカ革命だろうし、日本の明治維新も日本の革命であったと思うんだけど、「全部を同じものとして捉《とら》えていいか」といえば、それは別かなという感じはする。

フランスでは、フランス革命の反動が来て、ナポレオンの帝政への道が開《ひら》けてしまったし、イギリスだって、ピューリタン革命が起きたけど、結局、王政復古が起きている。日本の革命は、四民平等の世界をつくりつつも、王政復古と一緒に起きているので、これらの革命は、その解釈に何か違いがあったのかどうか。まあ、そのへんが、ちょっと悩《なや》ましいところだよね。

フランス人にしてみれば、平等を実現するために、要するに、金持ちや身分のある者を断頭台《だんとうだい》に送って、革命を起こしたんだろうけど、そのあとに来たのは恐怖《きょうふ》政治だった。そのため、彼らには、そういう恐怖政治よりは、ナポレオンの自由と進取の気性《きしょう》に富んだ英雄的な政治を好むところがあったし、ナポレオンを見て、「世界精神が行く」と言った、ヘーゲルのような哲学者《てつがくしゃ》もいた。

だから、いろいろと解釈的に分かれるところがあったのかもしれないが、ロシアは何かを間違えたらしい。

一方、日本は、明治維新以降、日清《にっしん》戦争、日露《にちろ》戦争と勝ってきた。日露戦争は、日本にとって大きな転換点《てんかんてん》になった戦争ではあるけれども、ロシアでは、この戦争に敗れたことが、革命の引き金になったわけだ。ロシア革命が起きて、帝政が滅《ほろ》び、それでソ連という国ができた。

しかし、そのことが、世界にとって、はたして幸福だったかどうか。それはまた微妙《びみょう》なところだろう。その後、米ソの対立も続いたしねえ。

いや、政治のところは難しい……。

「ロシア革命」に起きた矛盾《むじゅん》とソ連の苦しみ

小林　先ほど、ソルジェニツィンの『収容所群島』の話をされていましたが、その本が書かれたとき、もしかして、天上界《てんじょうかい》からご指導されていたのでしょうか。

トルストイ　いや（笑）、それは……、そんな失礼なことは言いませんけどねえ、ただ、革命後のソ連が、私の思ったようなユートピア社会でなかったことは事実であって、もっと恐ろしい、強権政治というか、恐怖政治になった。

実際、ツァーリ（ロシア皇帝）がいたときの「ツァーリズム」というか、帝政の時代には、確かに、皇帝は偉かったかもしれないし、一般人《いっぱん》は「自分は貧しい」と思っていた。ただ、そういう、生まれつき身分が決まっていた人には、もともと、鷹揚《おうよう》で寛容《かんよう》なところがやっぱりありましたからね。

しかし、皇帝がいない世界をつくり、「同じく平等な人のなかから支配者階級ができる」というシステムをつくったところ、新しく支配者階級になった人たちは、要するに、「自分がいつやられるか分からないから、弾圧《だんあつ》を加える」ということを起こすようになった。

つまり、自分のライバルになる可能性のある他の人たちが、自分たち支配者階級を脅《おびや》かさないようにするために、革命を起こした人が、二度と革命が起きないような弾圧体制をつくってしまった。ここまでは読めていなかったんだなあ。

そのため、ソ連は長く苦しんだ。だから、それについては、申し訳ない感じがする。「もう少し勉強して、何か政治的なものも発信しておけばよかったなあ」と思っている。

3　現代の国際関係を案じる

唯物論《ゆいぶつろん》的国家とイスラム教国の連帯が次の大戦のきっかけに

綾織　先ほど、「理想主義を追求していったときに、いろいろな失敗が起きる」とおっしゃいましたが、今、日本でも、そうしたことが起こっています。

例えば、大江健三郎《おおえけんざぶろう》氏という、ノーベル文学賞の受賞者は、平和主義や平等主義を標榜《ひょうぼう》しながらも、その一方で、「日本は、唯物論《ゆいぶつろん》国家として存在している中国にのみ込《こ》まれてもよい」というような考え方を発信しています。

大江氏の守護霊《しゅごれい》は、自分のことを、「もしかしたら、『日本のトルストイ』かな」と言っているのですが、このような「平和主義」の問題点は、現代の日本に、大きく影響《えいきょう》していると思います。この点については、今、どのようにご覧になっていますでしょうか。

トルストイ　うーん……。まあ、ロシアも日本から見れば、今、領土紛争《ふんそう》をやっておるんだろう。北方四島の問題か？　メドベージェフが「返さん」と言うて、何か施設《しせつ》をつくって足場固めに入っており、中国と韓国《かんこく》が、それに右へ倣《なら》えして、三国が連合しようとする動きを見せておるんだな。

日本との領土問題で、もし、三国同盟を結ばれてしまったら、アメリカも苦しくなってくる。だから、中国・韓国・ロシアが同盟を結んだら、日米だけで対抗《たいこう》できるかどうか、ちょっと心配になってくるな。

それに、北朝鮮《きたちょうせん》問題も絡《から》んでおるからして、韓国まで含《ふく》めた、この三カ国が核《かく》武装をし、日本が「非武装・平和主義で戦わない」と唱えたら、アメリカ一国だけで、太平洋を渡《わた》って日本を護《まも》り、この三カ国に対抗するのは、予算的に見ても、たぶん厳しいだろう。

今は、その領土問題を絡めて、新しい、何？　第二次大戦のような、あれは何と言ったか、「枢軸国《すうじくこく》」対、何と言うんだ？

小林　「連合国」です。

トルストイ　「枢軸国」対「連合国」と言うのか。「ファシズム国家」対「民主主義国家」と言うのかもしらんけれども、ああいう感じの対立軸ができてきそうな感じがあるな。

もし、「ロシア、中国、韓国、北朝鮮」が組み、さらに、「パキスタン、イラン、シリア」と組んで、イスラム圏《けん》のほうまでつながっていった場合、要するに、無神論・唯物論的な傾向《けいこう》のある国家が、同じく、貧しさの平等を味わっているイスラム教国と横でつながっていって連帯を組んだ場合に、例えば、アメリカに何ができるか。

そう考えると、アメリカは、この前、殺されたカダフィか何か知らんが、そういう、何にでも戦争を仕掛《しか》ける〝狂犬《きょうけん》〟みたいに言われ、「アメリカこそが歴史をゆがめたのだ」という話に持っていかれるだろうし、そこで日本が孤立《こりつ》した無政府状態の平和主義を唱えた場合、世界の基軸は大きく変わってくるだろう。

下手《へた》をすると、唯物論・無神論的な考え方の国家と、それと連動しやすい結果平等主義的な国家、要するに、みんなが貧しくて不満を持っている国家等が、全部、横につながっていき、それらの国が、ユダヤ資本のあるイスラエルや、アメリカのように自由主義的な思想をお金儲《かねもう》けのほうに使って繁栄《はんえい》している国家に対する憎《にく》しみを煽《あお》り立てて、対立軸ができてくると、次の大戦のきっかけになりかねない。私はそれを懸念《けねん》しています。

だから、「これは、ちょっとまずいかなあ」と思っていますよ。


日本が「日ソ中立条約」を守ったため、ソ連はドイツに勝てた

綾織　私も、平和自体は、追求していくべき価値あるものだと思っています。もし、今、トルストイ先生が、日本に生まれていらっしゃって、「平和主義」を唱えられるとしたら、どのようなかたちが望ましいとお考えですか。

トルストイ　ロシアの人たちは、私がロシアの利益を擁護《ようご》しなければ、「トルストイの霊言《れいげん》」として信じてくれないことになるのかとは思うけども……。

綾織　トルストイ先生は、日露《にちろ》戦争にも反対の立場でいらっしゃったので、みなさんも納得《なっとく》がいくかと思いまして……。

トルストイ　（笑）まあ、私としては、少なくとも、北方四島については言う資格があると思うよ。

日本は、原爆《げんばく》を二発落とされて、八月十五日に無条件降伏《こうふく》をしたんだけども、それまで、ソ連と「日ソ中立条約」を結んでいて、「日ソは戦わず」ということでやっていた。

そのため、ソ連は、安心してドイツに攻《せ》め込むことができ、その結果、ヒトラーが倒《たお》されたんだろう？ ベルリンが陥落《かんらく》して、ヒトラーが自殺に追い込まれたのは、ソ連軍がベルリンに攻め込んだからでしょう？

つまり、ソ連軍がベルリンに攻め込めた理由は、日ソ間に不可侵《ふかしん》条約があって、後ろから襲《おそ》われる心配がなかったからでしょう？ これについては、日本は信義を守り、約束を守っていたんでしょう？

「ヒトラーがやられる」というのであれば、ドイツと同盟関係にあった日本は、大陸に百万からの陸軍がいたわけなので、背後のシベリアのほうから、ロシアに攻撃《こうげき》をかけることはできた。ロシアを襲い、シベリアを占領《せんりょう》する可能性はあったと思うよ。

満州《まんしゅう》のほうからシベリアに攻め込み、シベリア鉄道を破壊《はかい》して、輸送力をなくしてしまえば、ロシアは、日本に対して、軍隊を半分割《さ》かなければいけなくなる。その意味で、モスクワに軍隊が集結できなくなる。すなわち、極東《きょくとう》のほうに陸軍を送らなければいけなくなると、ヒトラーのいるベルリンを陥落させるだけの戦力を割けなくなってくる。ロシアの戦力が少なくとも半分になると考えると、ヒトラーがもう少し持ちこたえられた可能性があるわけで、もう、あと一カ月か二カ月持ちこたえていたら、イギリスが陥落していた可能性は極《きわ》めて高い。ドイツによる空襲《くうしゅう》とロケット攻撃で、落ちる寸前であったのでね。

実際は、ソ連による内陸からのベルリン侵攻と、アメリカ等によるノルマンディー上陸の両方で、ドイツを何とかやっつけることができたんだろうから、このへんのことを考え合わせると、「日本が日ソ中立条約を守っていたから、ヒトラーは早く敗れたし、イギリスも、降伏する前に、アメリカ等の反撃で何とか持ちこたえられた」と言える。

もし、日本が、ヒトラーがやられる前に、信義を破ってソ連に宣戦布告《せんせんふこく》をしていたとしたら、大陸にいる日本軍は、国内は護《まも》れないけれども、ソ連を攻めることはできたので、ドイツがイギリスを落とすことは可能であった。

「イギリスが占領される」ということになると、アメリカ等はノルマンディー上陸作戦を、イギリス防衛作戦に切り替《か》えなくてはいけなかった可能性がある。その隙《すき》に、今度は、ヒトラーのほうの陸軍が、モスクワに向けて、再度、戦いを挑《いど》む可能性があったと思われるので、日本が、ソ連に対して開戦の宣告をし、襲いかかっていたならば、戦争の行方《ゆくえ》はちょっと混沌《こんとん》としたと思う。

ソ連が北方四島を攻《せ》め取ったのは国際正義に悖《もと》る行為《こうい》

トルストイ　「日本が負けを認めたため、北方四島まで攻《せ》め取った」ということに、合理性はあるとは思うんだけども、日本は、あくまで日ソ中立条約を守っていた。そして、それを守っているなか、ドイツが負けたけども、ソ連戦には参戦せず、八月十五日に終戦を宣告した。そのあと、ソ連は、南下して、北方四島を取ってしまった。

たぶん、ソ連は、「自分らの戦争の終結は九月の上旬《じょうじゅん》だ」という言い方をしていると思うけども、私の立場からすれば、これは、やはり火事場泥棒《かじばどろぼう》にしか見えないね。

「日本は弱って何もできない」と見て、取りに入り、その後、大陸に残った日本人を六十万人近く強制連行して、十年ぐらい釘付《くぎづ》けにし、雪のなかでずいぶん死なせながら、シベリア地区の開発をやったわけだ。あの権利は、なかったはずだと思うんだよ。

戦争しない約束をしていたのに、それを一方的に破って北方四島を取った。あれは、国際正義に悖《もと》る行為《こうい》だと私は思うね。

そのへんを考えると、ロシアは、「六十万人の日本人を、十年間も強制労働に徴用《ちょうよう》した」という部分について、日本に謝罪・補償《ほしょう》をしなければならないし、北方四島を返すのは当たり前だろうと、基本的には思うね。

ただ、「いったん取ったものは返すもんか」という国民感情は分からないわけではないし、前の戦争（日露戦争）で日本が勝ったときには、いろいろ取られておったからね。樺太《からふと》（南樺太）まで取られていたからさ。

そのときは日本のものだったんだ。まあ、「勝ったら取ってもいいではないか」という議論は、延々と続くんだろうとは思う。

でも、日露戦争の場合は、正式な戦争として勝って割譲《かつじょう》を受けたものだから、国際法上認められる問題だったと思うんだけど、あの太平洋戦争に関しては、日本が武器を捨てたあとにやったわけだから、それに対しては、ちょっとどうかと思うな。

まあ、日本を信じていなかったというか、「大陸に残っている日本の軍隊がまだ戦うかもしれないと思って、戦いをやめられなかったんだ」という言い方も当然あるとは思うけども、その後の仕打ちは、やはりよくなかったし、あの「強制連行して強制労働させる」という体質自体は、その後のソ連邦《れんぽう》の、ゴルバチョフ登場までの歴史を予知させるものだったのではないかな。

そんな国であったということは、チャーチルが言ったとおりだ。チャーチルは、「ヒトラーも悪魔《あくま》だが、スターリンも悪魔だ。ただ、国が滅《ほろ》びるよりは悪魔とでも手を結んだほうがましだ」ということで、スターリンと結んで英国を護ったのだろう。しかし、その結果、何十年もの間、問題を起こしたと思うな。

「剛腕《ごうわん》の大統領」が出なければもたせられないロシア

小林　ゴルバチョフによる旧ソ連の事実上の解体と、自由化後のロシアに関しても、さまざまにコメントがございましたが、特に、プーチン氏登場後の今のロシアを、どう見ておられ、どのような予測をされているのか、お聴《き》かせいただければと思います。

トルストイ　いやあ、向こう（ロシア）には、君たちが思っている以上に、痛手はあると思うよ。ソ連邦という、日本の六十倍ぐらいの大きな国土を持っていた国が、あんなバラバラに分解され、ロシアだけは踏《ふ》みとどまり、あとは緩《ゆる》やかな連合になって、内戦がたくさん起きた。

日本ではあまり報道されないから、よく分からないだろうけど、要するに、旧ソ連では、いろんな民族を押《お》さえ込んでいたわけだ。だから、それが解かれると、内戦によって、かつての同胞《どうほう》で殺し合いがいっぱい起きた。これは、そうとう苦しいことだった。

そういう意味で、エリツィンやプーチンみたいな、なかなか剛腕《ごうわん》の方が出てきて国をもたせているのだろうと思うけど、あまり柔《やわ》な人が出てくると、今のロシア連邦も、また危ない。もう一度、別の革命が起きる可能性はあると思うね。

プーチン氏の手腕として、やはり、「経済をかなり好転させた」ということは言えると思うんだ。ソ連は、ゴルバチョフ登場後、情報公開をして、崩壊《ほうかい》したけれども、結局、共産主義の限界を見せてしまったな。

要するに、店に並んでも並んでも物が手に入らないという、いわゆる戦時配給制度のような状態がずっと続いていた。中央の官僚《かんりょう》たちによる計画経済では、必要な分をつくれないので、配給経済がずっと続いていて、物がなかったね。

それが、いったん壊《こわ》れたあと、プーチンは、少しずつ自由主義経済を起こしていったし、禁じられていた、ギリシャ正教を中心とした宗教活動を、また呼び戻《もど》してきている。こういうところは評価できると思う。

ただ、何か帝政《ていせい》のようなものをやろうとしているように見えている点とか、KGB《ケージービー》上がりの強面《こわもて》の雰囲気《ふんいき》とかには、やはり、批判があるかもしれないね。

4 「愛の概念《がいねん》」の理解について

「人類愛」と「家族愛・夫婦《ふうふ》愛」との価値観のぶつかり

小林　話題がガラッと変わるのですが、ご生前の晩年に、トルストイ先生の妻であられた方と先生の信奉者《しんぽうしゃ》との間で対立が生じたため、先生は、それに嫌気《いやけ》が差して旅に出られ、旅先で客死《かくし》されました。あのあたりが、一人の小説家といいますか、宗教的な生き方をされた方として、歴史的にも非常に注目をされているのですけれども……。

トルストイ　（苦笑）あまり注目しないでほしい。

小林　ええ。ただ、そういう、宗教家の「本心」といいますか、実際に感じていた部分を表現できる方というのは歴史上、そう多くはいらっしゃいません。ぜひ、「そのときに何を感じ、どう思って、あのような行動を取られたのか」ということについて、差し支えない範囲《はんい》で教えていただければ幸いでございます。

トルストイ　まあ、最初は、一作家であったわけですよ。だから、本がある程度売れて、家族が食べていければよかったわけだし、両親は、私が幼いうちに亡《な》くなっていたので、私には、「幸せな家庭がつくれればいいな」という思いがあったんだよ。

ソフィアとは、熱烈《ねつれつ》な恋愛《れんあい》をして、十何人も子供ができ、幸せな家庭がつくれて成功したかに見えたし、名声も上がってきたのでね。そのころは、彼女もいい感じで、私の仕事を手伝ってくれてもいた。

ただ、ソフィアがとても嫉妬《しっと》深い女性であることは分かっていたんだけども、それに組織が絡《から》んできたというか、規模が大きくなったときに害が生まれるということまでは、ちょっと予測できなかったなあ。

それは、いわゆる、愛の概念《がいねん》の理解の仕方だと思うんだけどね。

やはり、キリスト教的な愛というか、「神の愛」が理解できる人間と、「男女の愛」や「家族の愛」のレベルを「愛」と考える人間との差はあるわけだ。

私が作家活動をしていくうちに、だんだん信奉者が増えてきた。すなわち、私が人道的な愛や人類愛などを説いているところに共鳴《きょうめい》する人たちが集まってき始めたわけだね。

つまり、「トルストイが説いている人類愛」と、「『トルストイと深い愛で結ばれている』と家内《かない》が思っている家族愛あるいは夫婦《ふうふ》愛」との間に、大きな愛の価値観のぶつかりがあったと思うね。歴史上、「どちらの愛が上か」ということを説いた人はいなかったので、ここは見解が分かれるところだね。

妻にしてみたら、「十何人もあなたの子供を産み、さらに仕事まで手伝って愛を捧《ささ》げた私よりも、そんな見も知らぬ、世界各国から来た巡礼者《じゅんれいしゃ》のような人たちのほうが大事なの?」と言いたいだろうね。

トルストイは「新宗教の立ち上げ」に失敗したのか

トルストイ　彼女は、「『農村を拓《ひら》き、そこでコロニーをつくって生活する』などという〝恐《おそ》ろしいこと〟を始める人たちに、夫がスポンサー兼《けん》ＰＲ係として引きずり出され、文学者であるにもかかわらず、新しい農村運動風のものをつくらされている」と見ていたようだ。

文学の世界に生きているかぎり、文学者は勝てるんだけども、そういう具体的な共同体のようなものを生もうとしたあたりで、文学者的な頭から、経営者的、もしくは政治家的な頭に変わらなければいけなくなる。そこのところに無理があったと思うんだよね。

だから、結局は、財産争いのようなものが起きたと思う。

本来、たくさん入ってくる印税などは、妻や子供たちのために取っておくべきものだし、もともと豊かな生活を享受《きょうじゅ》していたんだけれども、それを全部、どんどんどんどん撒《ま》いて、貧しい人たちに分け与《あた》えていくので、妻に言わせれば、「歴史上のキリストと、あなたとは違《ちが》うのよ」というようなことかな。

それは、「今、作家として成功しているのなら、それを守るべきだ」という守旧派の考えだね。

しかし、「妻や子に対する家族愛よりも大事な『人類愛』を説くトルストイを、一種の教祖のように崇《あが》め奉《たてまつ》って、『トルストイ協会』みたいなものをつくり、その考え方を世界中に広げよう」というような人たちが集まってきていたわけだ。

私自身は、それほど積極的だったわけではないけども、その気持ちも分かるし、自分の作品が世界中で売れた結果、そういう者たちが来ているわけだから、「何らかの援助《えんじょ》はしなければいけない」とは思ったよ。しかし、私には、実務的な能力がそんなにあったわけではないので、「財産を提供する」というかたちで支援するしかなかった面はあった。

まあ、君たちからは笑われるだろうけれども、ある意味で言えば、「新宗教の立ち上げに失敗した」ということかな。うん。そういうことだよ。

十字架《じゅうじか》に架かって死んでいれば、「トルストイ教」が起きた？

綾織　先ほど、「人類愛を説く」というお話がありましたが、ご自身の意識としても、「晩年に、そういう救世主的な仕事を果たそうとした」と理解してよろしいのでしょうか。

トルストイ　うん。最初、三十代、四十代のころには、大作《たいさく》の小説を籠《こも》って書くだけの時間もあったし、金銭的な余裕《よゆう》もあったけれども、実際に崇拝者《すうはいしゃ》がたくさん集まってきて、〝コロニー運動〟などを起こし始めたら、やはり、この世的な時間がだいぶ奪《うば》われていくようになってくる。組織の運営もあるし、いろいろな人が相談しに来始めるでしょう？　そうしたら、作家として専念できないではないですか。ね？

宗教家の箴言《しんげん》のようなものや、人生観のようなものは書けるけど、作家としては、大作を書けなくなっていった。

また、私を美化する人がたくさん出てきたために、文学者としての苦しみが生まれたよな。つまり、私のことを聖人君子《せいじんくんし》のように思う人が多くなったので、「いや、そうではないのだ」と言おうとして、それを文学作品のなかに表したが、なかなか信じてもらえなかったし、伝記作家等も私を持ち上げる一方だった。

ただ、家族から見れば、私は、ある意味で、そんなに偉《えら》い人ではなかった。まあ、どこもみな一緒《いっしょ》で、そのように見えるのかもしれないね。「現実に生きていた夫あるいは父は、キリストのような人ではなかった」という意見は、近くで見ていた人の感想としては、そうかもしれない。

失礼があってはいけないとは思うけれども、おそらく、そういう感想は、日本の皇室においてもあるのではないかと思う。

天皇といっても、なかにいる人からは、現人神《あらひとがみ》のような生活をしているようには見えないかもしれない。外に対する演出はなされていても、なかで仕えている人からは、そうは見えないところがあるかもしれないとは思うね。

このへんの難しさは、ごく一部の人しか経験しないので、分からないと言えば分からないところだろう。

だからまあ、私の妻を「三大悪妻《あくさい》」として〝評判〟にしてくださったのはありがたいですけど、確かに、「『最後に家出をして駅で死ぬ』というのは、ちょっと情けない死に方ではあったかな。どうせ死ぬなら、十字架《じゅうじか》に架かって死ぬべきだったかな」とは思いますよ。何か受難《じゅなん》や迫害《はくがい》を受けて死んだほうが、むしろ、「宗教」になった可能性があるかもしれないですね（笑）。

例えば、ロシア正教によって十字架に架けられたら、「トルストイ教」が発生した可能性はあるけれども、妻に迫害されて家出をし、駅で野垂《のた》れ死んだのではない。宗教が起きなかった。まあ、そういうところがあったかもしれないね。でも、娘《むすめ》が秘書役として私を助け、最後まで付き添《そ》ってくれたので、それについてはありがたかったと思っているけどね。

5　ドストエフスキーについて語る

小林　文学論について、もう一点、お伺《うかが》いいたします。

トルストイ先生とほぼ同時期に、ドストエフスキーという方が出られました。

この方は、『カラマーゾフの兄弟』のなかの「大審問官《だいしんもんかん》」などにより、教会制度に対して、かなり的確な批判をされていたように見受けられるのですが、同じロシアの文学者仲間として、どのような視点でご覧になっていたのか、コメントを頂ければと思います。

トルストイ　ドストエフスキーは、もちろん大作家だし、互《たが》いに影響《えいきょう》を与《あた》え合っていたと思うね。

人類の文学作品のなかから、『罪と罰《ばつ》』だとか『カラマーゾフの兄弟』だとか、こういうものを取り去ったら、ずいぶん寂《さび》しくなるだろうし、戦後、日本がソ連びいきだったときには、若い人たちはみな、私の作品だけではなく、彼の作品も読んだだろう。文学テーマとしては、やはり、大きなものがあったのだろうと思う。

まあ、彼は、宗教家ではなかったけども、『罪と罰』や『悪霊《あくりょう》』のように、宗教のテーマになるものを追究したことも、ひとつの実験ではあったと思うんだよな。つまり、彼には、「大作小説に宗教性のあるテーマを取り込《こ》んだ」というところがあったわけだ。

また、『カラマーゾフの兄弟』などは、ある意味で、その後、流行《はや》った推理小説のパターンを全部内包しているものではあった。「ドストエフスキーを読まなければ、その後の多様な文学的発展はなかった」とも言われておるので、そういう先駆《せんく》的な面はあったと思われる。

一方、彼には、最近、あなたがたが言っておられるような、松本清張《まつもとせいちょう》的な面もあったのかもしれない（『地獄《じごく》の条件―松本清張・霊界《れいかい》の深層海流』参照）。ドストエフスキー自身、人殺しをしたことがあったか、人殺しをしたいと思ったことはあるだろう。そういう苦しい苦しい体験が、文学作品になっていったのだと思うし、確か、自分も射殺される寸前で、それが止められた経験があったと思うんだけどね。つまり、「銃《じゅう》が構えられ、『打て！』という寸前のところで恩赦《おんしゃ》が出て死ななかった」というような、恐怖《きょうふ》体験をずいぶんした人だと思う。まあ、預言者的な資質も持っていたとは思うけど、振幅《しんぷく》の激しい魂《たましい》ではあったな。

別途《べっと》、本人をお呼びになったほうがよいかもしれないけれども、うーん……、同業者としては、やはり言いづらいなあ。言いづらいが、うーん、彼は「光」を見切ることができなかったのではないかな。

ただ、深い深淵《しんえん》は見たのではないかな。つまり、地獄の闇《やみ》は、はっきりと見た。だけど、神の光は、はっきりとは見えなかったのではないかね。そういうところではないだろうか。

6　トルストイのキリスト教観

解釈次第《かいしゃくしだい》で「共産主義」も「自由主義」も出てくるキリスト教

市川　私のほうからは、宗教的な面について、お訊《き》きできればと思います。

トルストイ　ああ、そうですか。

市川　トルストイ先生は文学者であり、かつ、非常に宗教的な魂《たましい》でもあられたと感じさせていただきました。

生前は、『聖書』についても、かなり研究され、トルストイ先生ご自身による『聖書』も編《あ》まれていたと伺《うかが》っております。その『聖書』は、イエス様の奇《き》跡《せき》の話等が削除《さくじょ》され、どちらかというと、道徳的な方向でまとめられていたそうですが、そのあたりについて、当時のご意図や背景などをお教えください。

また、「正しい宗教の見方とは何か」ということに関する、トルストイ先生の今のお気持ちをお聴《き》かせいただければと思います。

トルストイ　まあ、キリスト教の解釈《かいしゃく》にも分かれるところはあると思うんだよな。

つまり、キリスト教には、解釈によっては、共産主義的なものも出てくるし、自由主義的なものも出てくる余地があるんですよね。

イエスの言葉そのものを見れば、要するに、「やはり貧しい者が正しい」というような考えも出ているではないですか。イエスは、貧しさを肯定《こうてい》し、「富める者は天国に入れない。それはラクダが針の穴を通るよりも難しい」という言い方を、はっきりしているよね。

あそこまで言われたら、「アメリカはキリスト教国だ」と、恥《は》ずかしくて言えなくなるし、ウォールストリートにクリスチャンがいてはいけないはずだ。だから、オバマさんが、「ウォールストリートで、五十億円以上も儲《もう》けるような大金持ちは許せない」と言って攻撃《こうげき》しているのは、「キリスト教のイエスの言葉に忠実である」と見えなくもない。そこだけを取ればね。

釈迦《しゃか》の教えにも、そういう平等性の強いものがあったとは思うよ。

ただ、時代背景はあったと思うし、当時のユダヤの国が、ローマの属国であったという状況《じょうきょう》は大きいよね。

当時、ユダヤはローマの属国であって、そんなに「富める国」ではなかった。要するに、「ローマに収奪《しゅうだつ》されている国であり、軍事的に完全に押《お》さえ込《こ》まれていて、〝御用《ごよう》宗教家〟しか存在できない時代であった」ということは、やはり、注目に値《あたい》すると思う。

もちろん、ユダヤ教自体は温存されていたけれども、ローマは、実は多神教であったわけで、多神教のローマに支配されながら、一神教のユダヤ教が細々と、彼らに許容される範囲《はんい》内での行動をしておった。つまり、当時のユダヤ教には、役場の代わりにユダヤの人たちを治めておったようなところがある。

そういう役場代わりの仕事をすることによって、宗教的にまとまり、抵抗《ていこう》運動をしないでやっていたのが、急に独立運動が強くなってき始めて、熱心党などの出てきた。裏切りのユダなどは熱心党だね。そして、ユダヤ独立のメシア（救世主）を探すようになってきた。

それは、まさしく、のちのムハンマドがなったようなものだと思うけど、「国を救ってくれるメシア」を求める運動が、イエス登場の百年ぐらい前から起き始めてはいた。特に、『旧約聖書』のなかには、メシア登場論というか、「油の塗《ぬ》られし者（メシア）が生まれてくる。その者は十字架《じゅうじか》に架かって屠《ほふ》られる」ということも予言としてはあった。

八百年から千年近い昔に、すでに、そういう予言があったため、その日を待っていた人はいて、そこにイエスが出てきたわけだね。

政治と宗教とを二分法で分けたイエス

トルストイ　イエス自身、教えとしては、頭がクラッとするようなことを、ずいぶん言ってはいるけども、彼が現実生活について述べた意見そのものには、実は、極《きわ》めて現状肯定的な意見が多かったと思われるんだよ。

例えば、植民地であるにもかかわらず、イエスが「ユダヤよ、富を増やせよ！　軍事力を拡大せよ！」というような感じで言えば、具体的な革命運動のようにも見えるよね。しかし、彼はあくまでも、心の世界に限って教えを説いた。

それから、税金の問題も同じだ。要するに、ユダヤはローマの植民地として税金を取られるかもしれない立場にあったわけで、貢《みつ》ぎ物《もの》を取られていたのは間違《まちが》いない。

だから、取税人《しゅぜいにん》が、ものすごく嫌《きら》われていた。マタイ（十二使徒《しと》の一人）も取税人だったけど、彼は、すごい被差別《ひさべつ》階級だったわけだ。

しかし、コインを見せられて、「カエサルに税金を納めてよいのか、いけないのか」と訊かれたときに、イエスは、「そのコインには、誰《だれ》の肖像《しょうぞう》が描《か》いてあるか」と問うた。そして相手が、「カエサルの肖像が描いてある」と答えると、彼は、「カエサルのものはカエサルに。神のものは神へ」と述べた。要するに、「私の言っている王者《おうじゃ》とは、神の国、心の国における王者であって、この世における王者ではないのだ。つまり、『ローマを倒《たお》して王になりたい』という意味ではないのだ」ということで、政治と宗教とを二分法で分けたよね。

これは、ある程度、今の政教分離《ぶんり》にまでつながっている部分ではあると思うけども、ある意味で、「イエスの置かれた立場の弱さ」を意味していると思う。

武装的には、すべてをローマに押さえられていて勝ち目のない状況だったし、（ユダヤ教の）派閥《はばつ》争いのなかでもマイナーであって、その既成《きせい》の体制を壊《こわ》すのは、ちょっと厳しかった。

だから、革命というか、今、中東でやっているようなインティファーダ（民衆蜂起《ほうき》）的な抵抗運動は、当時もやっていたんだけども、イエスは、それほど積極的ではなかったと思われる。しかし、「そちらから担《かつ》ぎ出されるのではないか」という恐《おそ》れは、ずいぶんあったわけだね。それで、どっち付かずのかたちで、結局は押し上げられた感じになったかもしれないね。

イエス自身、「ユダヤ教徒のラビの一人だ」と思っていたにもかかわらず、伝統的なユダヤ教徒からは「異端《いたん》だ」と思われたし、ローマの側からは、「ユダヤ教徒を煽動《せんどう》して、メシアを名乗り、かつてのダビデのように王国をつくろうとしているのではないか」という疑いをかけられた。そのように両方から疑いをかけられた結果、十字架に架けられることになったのではないかと思うんだよね。

十九世紀のロシアにキリストがいたら何ができたか

トルストイ　だから、「キリスト教観」といっても、やはり時代背景を見誤ってはいけないと思う。

私たちの時代、ロシアは、ナポレオンに攻《せ》められたものの、占領《せんりょう》まではされなかったから、ローマにやられたユダヤのようには言わないけれども、当然、それによって、そうとう疲弊《ひへい》したのは確かだ。また、私の晩年のことだから、大きな影響《えいきょう》があったかどうかは何とも言えないけど、日本のような小国に敗れてしまったために体制が壊れた。要するに、帝政《ていせい》が潰《つぶ》れてしまったわけだ。したがって、それは、まさしく、「革命期における宗教運動のあり方の問題だ」と思うんだよね。

私の場合、「どちらかといえば文学に逃《のが》れていたのかなあ」という感じが若干《じゃっかん》するね。ずばりの宗教家ではなかったので、文学のカムフラージュはいちおうあったし、意外と国際的に認知され、海外の読者が多かったために、そういう意味での外国からの応援《おうえん》、支援のようなものを求めていた面はあったと思う。

もちろん、「革命が起きて国がよくなっていくといいな」という気持ちは持っていたんだけども、具体的なビジョンまでは描《えが》けず、コロニー的な菜食主義の農村運動というか、そういう小さな共同体をつくって生活する程度までしか思いつかなかった。

まあ、これはイスラエルのキブツ（農業共同体の一種）みたいなもんだよな。その後、ソ連邦《れんぽう》がソフホーズとかコルホーズとかいうようなコミューン（基《き》礎《そ》自治体）をたくさんつくったけど、結局、失敗していったよね。これは農協のようなものかな？　そんな農協の自治のようなもので経済をよくしようとしても、よくなりはしなかったわけだ。

一方、重化学工業は成功して、軍事産業的なものは、うまく進んだと思う。

だから、「もし、私の時代に、私ではなくキリストがいたとして、何ができただろうか。十九世紀のロシアにキリストがいたとして、いったい何ができただろうか」と考えたら、やはり、ナポレオン戦争やクリミア戦争等については、何か考え方を出しただろう。

ただ、アフリカや中国等もずいぶん植民地になっていたし、日本についてどう思ったかは分からないけども、うーん……、キリストを持ってきても、やはり、厳しいものはあったのではないかな。そんな感じはする。

小林　そういう意味では、現代に救世主が現れるとすれば、やはり、もう少し別のかたちで仕事をされるだろうと思われますか。

トルストイ　うーん。しかし、ロシアでは厳しいなあ。ロシアでは救世主になる前に撃《う》ち殺される可能性のほうが高いですね。厳しいと思う。

もう一段、国の自由化が進めばいいけどね。今は、だいぶよくなりましたけど、昔は亡命《ぼうめい》ばかりしていたでしょう。亡命者がたくさん出て、有名な音楽家なども亡命していたよね。

例えば、サーカスや演奏等で海外に行った隙《すき》に逃《に》げる。オリンピック選手などもよその国で亡命されかねないので、いつも見張られていた。

今、中国がそうだよね。留学としては許されるけども、家族が人質に取られている状態だから、簡単に亡命はできない。一族が、みな、やられてしまうので、国益に反することができないような状況にあるよね。

そのような状態なので、「中国や北朝鮮《きたちょうせん》、ロシアなどに救世主が生まれられても、あまり実を結ばない状況にあるかな」とは思うけどね。

7　ロシアへのメッセージ

日本と友好を深め「世界に受け入れられる国」になってほしい

小林　ロシアの民衆へのメッセージがございましたら、ぜひ頂きたいと思います。

トルストイ　うーん……。ロシアは難しい国なんだよ。つまり、（地理的には）ヨーロッパでも、アジアでもある国なんだよね。ヨーロッパとアジアの両方にまたがった国だし、下には中国など、怪《あや》しげな国がいっぱいついているので、「バラバラになった国を、また一つにしたい」という欲望を持った人が出てくる可能性もあるかもしれない。

政治的には、今、「強い中国」が出てきているので、「強いロシア」を求める人も出てくるかもしれないし、旧ソ連復活を願う人が出てくるかもしれない。そういう可能性はあるだろう。

また、文化的には、ずっとアメリカと対抗《たいこう》しておったので、あっさりと吸収されてしまうのはつらいし、中国がまだ対抗し続けているので、そんな簡単には降り切らないとは思うけども、うーん……。

まあ、私は、エリツィンの考えの延長上に政治家が出て、ある程度、西洋化・自由化し、経済的に豊かになる方向でいいと思うし、「日本と友好関係を持つことによって、ロシアは世界に受け入れられるスタイルの国に変化していけるのではないかな」と思っているね。

今、ロシアは、中国と組んで、いろいろと反対ばかりしているようだけども、そろそろ考え方を変えたほうがいいのではないかな。

「オウム事件」で少し警戒《けいかい》されている幸福の科学のロシア伝道《でんどう》

市川　そのようななかで、「ロシアの方々は、神秘思想を求める心も非常に強い」と、私は感じております。

トルストイ　うんうん。

市川　先般《せんぱん》のプーチン大統領守護霊《しゅごれい》の霊言《れいげん》（『ロシア・プーチン新大統領と帝国《ていこく》の未来』〔幸福実現党刊〕として発刊）につきましても、それをご覧になったロシアの人々は、「これこそプーチンだ。私は信じる」とおっしゃっていました。

トルストイ　うーん。

市川　ですから、今回のトルストイ先生の霊言も、ロシアの人々の心に確実に届くと思うのです。

今、ハッピー・サイエンス、幸福の科学は、「エル・カンターレ信仰《しんこう》を中心として、ロシアの人々にも導きの光を与《あた》えたい」と願っておりますが、幸福の科学のロシアでの活動、あるいは世界での活動について、何かご教示《きょうじ》を頂ければ幸いです。

トルストイ　まあ、ロシアでの活動はほとんどなされていないんだよね（苦笑）。

以前、オウム真理教とかいう邪教《じゃきょう》が伝道《でんどう》をして広げ、潰《つぶ》れてしまったことがあった。ロシアの人々は、東洋思想というか、仏教思想のようなものについては、みな区別がつかないので、騙《だま》されやすいんだな。

オウム真理教事件が起きたために、今、あなたがたの伝道は少し警戒《けいかい》されている。そういう面が不利かなあとは思うけれども、世界的に情報が通じやすくなっているので、たぶん、あなたがたの考え方を分かってくれる人は、多いだろうと思うね。

ロシアは北方四島を返還《へんかん》し、日本との共存共栄《きょうそんきょうえい》を図《はか》れ

トルストイ　私は、北方四島あたりが障害になって、（日本とロシアが）戦争状態や敵対関係になるのは、あまり望ましくないと思っている。

先ほど言ったような、終戦時の経緯《けいい》を正直に検証して発表し、ロシアの国民にも分かるように説明していくことだ。ロシアは、あれだけ大きな国を持っているんだからね。

日本は国が小さくて困っているし、実際、北方四島で生まれた人が北海道に

住んでいて、「お墓参りをしたい」とか、「生まれた村に帰りたい」とか言っているんだから、勇断《ゆうだん》が大事だと思うよ。

ロシアは、あんな小さな島が必要なほど小さくないので、やはり勇断をして、日本が要求しているものを返してやればいい。そうすれば両国の友好がぐーっと加速するし、たぶん、韓国《かんこく》や中国との領土問題の解決に、ものすごく貢献《こうけん》すると思う。ロシアがそれを勇気を持ってやったら、あっという間にあちら（韓国や中国）のほうに影響《えいきょう》が出てくると思うよ。

この場合、ロシアが日本とアメリカの味方になるので、韓国や中国は、非常に抵抗《ていこう》しにくくなってくると思う。中国がいちばん恐《おそ》れているのは、やはり、日米関係は当然ですけど、「日、米、ロシア、インド」の四国《よんこく》に囲まれるということだよ。これがいちばん恐れていることなので、その方向で、中国を、もう少し平和的な国に持っていくように努力し、圧力をかけていくべきでないかと思うな。

少なくとも、ロシアは、「北方四島のうちの二島は、日本に返す」という昔の約束を実行していないにもかかわらず、四島を既成《きせい》事実化しようとしているわけだ。これは、大国として、あまりにも恥《は》ずかしいことだと思う。

ロシアは、国土は大きいけども、今、経済的には世界で九番目ぐらいになっているのかな？　たぶん、そのくらいだと思うが、日本に大きく溝《みぞ》をあけられているわけだから、日本との経済交流を促進《そくしん》して、シベリア地区から開発をどんどん進めていくことが大事だね。やはり、天然ガスその他、パイプラインの敷設《ふせつ》から始まって、あちらのほうに工業、産業を興《おこ》していくことだ。

それと、農業的なものでは、食糧《しょくりょう》等の支援《しえん》その他ですね。あるいは、日本の技術供与等で発展し、共存共栄していくような関係をつくることができたらいい。

先の大戦で日本とロシアは戦っていない。最後に、少し揉《も》め事が起きただけで、本当の意味での戦争はしていないので、そこのわだかまりを解くために、ロシアは、やはり、ちょっと身を削《けず》ったほうがいいと思う。

そして、朝鮮《ちょうせん》半島や中国と日本との緊張《きんちょう》関係を、ロシアがイニシアチブをとって解決する努力をしたらいい。そうすると、ロシアに対する日本の友好認知度はものすごく上がると思うよ。

実は、プーチン政権下で、日本に対するロシア国民の親日度はものすごく高いんだけども、日本人のほうは、ロシアに対して、とっても無関心なんです。

トルストイやドストエフスキーが読まれたときには、まだ関心があったんですがね。戦後、左翼《さよく》が流行《はや》ったときには、よく読まれたんですけど、今は、だんだん忘れかけられている。だから、『トルストイ全集』かどうか知りませんが、トルストイやドストエフスキーを出していたような出版社も潰れかかっているような状態だろうと推定する。

過去、戦争等もありましたけれども、アメリカよりも近い所に位置しているので、ぜひ、友好を進めていただくのがいいと思うね。

二十一世紀前半の最大の課題は「中国を暴走させないこと」

トルストイ　やはり、あなたがたが考えているとおり、「中国の暴走を起こさせない」ということが、二十一世紀にとって、少なくとも二十一世紀の前半にとっては、最大の課題だと思います。

かつて、米ソによる核《かく》戦争の危機という「冷戦」がありましたけど、それに続いて、中国が暴走し、アメリカと対抗して、米中による核戦争の危機の真っただなかに日本が置かれるのは非常に危険なことだと思いますよ。

もう、それはやめたほうがいい。二回もやるべきことではないと思う。「人類の学習」としては、やってはいけないことであり、無駄《むだ》なことです。

しかし、ロシアが日本と結ぶことによって、そういう対立軸《じく》を壊《こわ》すことができる。逆に、これができなかったら、最初に言ったように、「ロシア、朝鮮半島、中国、パキスタン、イラン、シリア、エジプトなどが、全部、横にズラーッと並んで同盟関係を結び、米国に対する盾《たて》をつくって防御《ぼうぎょ》する」という作戦を立てられる可能性は、多分にあるよ。

つまり、共産主義的傾向《けいこう》のある国とイスラム教国とが結びついて、米国の軍事的覇権《はけん》を阻止《そし》するようなかたちの合従連衡《がっしょうれんこう》が起きる可能性が極《きわ》めて高いが、ロシアと日本が急速に友好関係を進めることが、それを破るきっかけになると思う。

そのためには、やはり、ロシアは勇断して、日本に北方四島を渡《わた》すべきだ。その見返りとして、日本は、ロシアに対する経済協力を惜《お》しまず、シベリアの資源の開発から、工業化、産業の育成等についてまで、大規模に参加することだね。

日本は、まだ世界二位、三位を争っているぐらいの国なので、世界九位のロシアにとっては、日本と経済的に接近することは非常に大きな力になると思うし、それは、おそらく中国に対する牽制《けんせい》にもなるだろう。

それに、ロシアには核兵器が余っておりますからね。もう、売りたくてしょうがなくて、一本一億円でもいいから売りたいぐらいだろうと思うんですよ。一万発ぐらい売れますから、一本一億円で売れれば、一兆円になる。本心を言えば、そのくらい金が欲《ほ》しいと思うね。

ロシアの核兵器は、もう錆《さび》ついているかもしれないから、役に立たない可能性はあるけれども、あれも廃棄《はいき》処分ができなくて困っておりますのでね。

日本は、やはりロシアと積極的に外交をやったほうがいい。今、韓国や中国と揉めてきているから、勇断して、ロシアと大局的な話し合いをすべきだな。

プーチン（守護霊）もそう言っているんだからね。霊言で、「（北方四島を返してほしければ）技《わざ》をかけてこい（よい交換《こうかん》条件を出してこい）」と言ったんでしょう？（『ロシア・プーチン新大統領と帝国の未来』参照）だったら、

〝技〟をかけたらいいんですよ。要するに、「ロシアに対して大規模な経済開発協力等を行い、友好を促進する。その代わり、島については返してもらう」と。

これ（北方四島が日本領であること）ははっきりしている。北方四島で生まれた人が、現にいるわけなのでね。そこで生まれ育った人が、北海道に住んでいる。これには、従軍慰安婦《じゅうぐんいあんふ》や南京《ナンキン》事件と違《ちが》って、はっきりした証拠《しょうこ》があるんです。「そこで生まれ育ち、そこの小学校を卒業した」という人が、現に北海道に住んでいるわけですからね。

日本の産業を入れて、国土開発を手伝ってもらうべきだ

トルストイ　ソ連が悔《くや》しかったのは、アメリカに日本が取られてしまったことだね。もう少し侵攻《しんこう》が早ければ、北海道ぐらいまでソ連領にできたのに、四島しか取れなかったのが悔しくてしょうがないわけだ。

あるいは、もっと早ければ、東京まで攻《せ》めていって、東日本を全部、ソ連の占領下《せんりょうか》に置けたかもしれないのに、アメリカが原爆《げんばく》を落としたために、日本はあっさりと降参してしまった。ソ連は、「もうちょっと戦争が続く」と思っていたのにね。

アメリカは、「原爆で戦争を終わらせた」と言っているけど、それには当た

っている面がある。あれで、天皇陛下がご英断《えいだん》され、終戦を決意されたために、ロシアは、東日本を占領できなかった。

ソ連は、最低でも北海道までは取りたかった。つまり、「北海道まで取りたかったところを、今、北方四島で我慢《がまん》しているんだから、日本は黙《だま》れ」というのが、基本的な民意ですよ。はっきり言えば、「もうちょっと、領土が欲しかった」ということだよね。

でも、ロシア全体の国土の大きさから見たら、現実には、今も開発し切れていないわけだから、やはり、日本の産業が入ってきて、開発を手伝ってもらうほうがいい。

一方、日本も燃料供給のところに主要な弱点を持っている。アラビア湾《わん》のほうから、石油を運んでくるだけだと、シーレーンの面で、中国の脅威《きょうい》やその他の危険度が十分あるわけだ。だから、もっと大規模に、ロシアから海底のパイプで天然ガス等を引いてくることができれば、それは、新たな発電などの力にもなるし、エネルギー源にもなると思うので、リスクの分散としては大事なのではないかと思うね。

私は、それを勧《すす》めたい。ちっぽけな島に軍事施設《しせつ》をつくったり、観光施設をつくったりして日本を脅《おど》しても、いいことなんか何もないと思うな。

綾織　ロシア側からの貴重なご提案を頂き、ありがとうございました。

8　転生《てんしょう》の秘密を明かす

イエスの分身として「ロシアを救う使命」を持って生まれた

綾織　キリスト教では、「生まれ変わりの思想」というものがはっきりと出ているわけではないので、お答えいただけるかどうか分からないのですが、トルストイ先生は、過去、お生まれになったときにも、文芸や文学関係のお仕事をされたのでしょうか。あるいは、宗教家のような立場に立たれていたのでしょうか。

可能な範囲《はんい》で、お教えいただければ幸いでございます。

トルストイ（約十秒間の沈黙《ちんもく》）うーん、まあ、「訊《き》かれる」と思っていたが、私は、そんなに自己評価が高くないので、うーん……。まあ、ロシア文学にもっと評価が集まっているときであればよかったんだけども、もう読まれなくなってきた低調な時期なので、ちょっとつらい……。

綾織　いいえ、今でも読者は世界中に大勢いますし……。

トルストイ　いますか？　あなたがた、新潮文庫は読まないんでしょう？

綾織　最近は、新潮社以外からも出ております。

トルストイ　岩波文庫も、もう傾《かたむ》いているのでしょう？　だから、ロシア文学が読まれなくなってきているとは思うんですけど……。

ああ、幸福の科学出版が出してくれるなら、別に、それでもよろしいんですけども。

綾織　そうですね。

トルストイ　版権は消滅《しょうめつ》しているから、自由に出せるのではないですか。

君たちが出してもいいですよ。宗教的にいいところを抜粋《ばっすい》して出せばいいんですよ。そうすれば、幸福の科学出版刊になるから、有名になるかもしれないね。この霊言《れいげん》を出したあと、続けてマーケットができるかもしれないのでね。

いや、実は、人類史で誰《だれ》も語っていないことなのですが、私は、イエスの分身なのです。

だから、私の使命はもっと大きかったのですが、その仕事が果たせなかったので、今、悔《くや》しくて、つらい思いをしています。本当は、ロシア革命の中軸《ちゅうじく》になるような宗教を起こさなければならなかった。そういう使命を持っていたのです。つまり、私は、「新しいキリスト教として、トルストイ教団を起こし、ロシアを救う」という使命を持っていたわけです。

トルストイ主義から「トルストイ教」をつくれなかったのが残念

確かに、トルストイ主義は流行《はや》ったし、日本にまで影響《えいきょう》は出ました。私も、晩年には、神様のように崇《あが》められて、世界の新聞に、農耕作業をしている私の姿が載《の》せられるぐらいまで行《い》きました。しかし、トルストイ主義は、あっという間に下火になっていき、新しい宗教にはならなかったのです。

その結果、ロシアでは、反対に共産主義の無神論・唯物論《ゆいぶつろん》勢力があんなに大きくなって、七十年も八十年も人類を苦しめ、その後、米ソの対決になり、ロシアの苦しみにもなりました。

でも、今、ロシア正教も復活してきました。

私は、キリストの魂《たましい》の兄弟の一人として生まれたにもかかわらず、ロシア正教から破門される目に遭《あ》いました。あなたがたにも、仏教から破門される可能性があるから気をつけたほうがよろしいかと思いますけども、新しいものをつくれば、そうなると思います。

本当は、私には、トルストイ主義から「トルストイ教」をつくらなければいけない使命があったと思うのですが、そこまでつくれなかったところが残念です。

ただ、いずれ、誰かが中興《ちゅうこう》の祖《そ》のようなかたちで出て、それをつくってくださり、広がることはありうると思います。

キリスト教だって、(ローマの国教になるまで)三百年以上かかりましたのでね。イエスが紀元三〇年前後に亡《な》くなって、『聖書』が編纂《へんさん》されたのが紀元七〇年から九〇年ぐらいです。つまり、『聖書』は、ユダヤの国がなくなったあとに編纂されていますし、その後、ユダヤ民族がバラバラになって、世界に広がっていったものですよね。

そのように、イエスにしても国は救えなかったので、私が国を救えなかったとしてもしかたがないのかもしれません。ただ、マルクスが『共産党宣言』を一八四八年に出して、世界の共産主義化、唯物論化を進めようとしておりましたので、何とか、それとは違《ちが》うものをつくっていきたかったのです。

しかし、残念ながら、思想家として、そこまで熟しませんでした。小説に時間を取られすぎたのか、あるいは、農村づくりあたりで止まったところに問題があったのか、分かりませんが、私は、大川隆法さんがうらやましくてしょうがない。本を書いて教団がすぐつくれるというのは、なかなか素早《すばや》い動きです。

私にはできなかったことなので、ちょっとうらやましく思えるぐらいですね。

幸福の科学は、今、共産主義の後始末《あとしまつ》に入っている

トルストイ　だから、大江健三郎《おおえけんざぶろう》さんと私とは、全然違います。はっきり言って、違います。ガンジーとトルストイは、それなりの使命を持って生まれました。ガンジーは、インドの独立を助けたと思いますしね。

私に罪があるとすれば、ガンジーのように暗殺されなかったことでしょう。もし、私が暗殺されていたら、もっと人類史において記憶《きおく》され、宗教が起きた可能性があったにもかかわらず、妻と喧嘩《けんか》をして家出をし、死んでしまったために、竜頭蛇尾《りゅうとうだび》に終わってしまったことを残念に思います。

私には、宗教にすることができなかったので、「多少、メンターというか、精神的指導者が要《い》ったのかなあ」と思うのですが、トルストイの名が文豪《ぶんごう》として大きくなりすぎていたため、もはや私を教えるような人がいなかったのかなと思います。

私は、実は、「ソ連邦《れんぽう》の救世主」として生まれたんですけれども、その使命を果たせなかったことが残念です。それで、大川先生が日本にお生まれになられて、今、共産主義の後始末《あとしまつ》に入られているのだと思うんですよ。私が成功しなかったので、その後始末をしようとしておられるのだと思います。これは、私の残した宿題だと思います。

だから、「トルストイは、イエスの分身の一人だ」と思っていただいて結構です。

綾織　ありがとうございます。

9　光あるうちに、光のうちを歩め

綾織　本霊言《れいげん》は「トルストイ――人生に贈《おく》る言葉」というタイトルでございます。最後に、現代人に対して、救いになるような言葉を頂ければと思います。

トルストイ　はい。では、一言《ひとこと》で述べます。

「光あるうちに、光のうちを歩め」

その一言を言っておきたい。

あなたがたは、今、光のうちを生きているわけですから、光があるうちに、光のなかを歩むことです。それがあなたがたの使命です。

それは、幸福の科学の職員の使命でもあるし、幸福の科学の信者の使命でもあるし、日本人の使命でもあるし、また、世界に広がっているハッピー・サイエンスの信者の使命でもあるし、同時代に、（大川隆法の）本を読み、説法《せっぽう》を聴《き》くことができる世界の人々の使命でもあると思います。

「光あるうちに、光のうちを歩め」

光があるときに、それに気づく人は幸福ですが、光あるうちに、それに気づかなかった人は不幸です。だから、「数千年の後《のち》に悔《く》いを残すことなかれ」と言っておきたいと思います。

綾織　この言葉を肝《きも》に銘《めい》じて、精進《しょうじん》してまいります。

ありがとうございました。

大川隆法　（トルストイに）はい。ありがとうございました。

10 「トルストイの霊言《れいげん》」を終えて

トルストイが「ロシア復活の起爆剤《きばくざい》」になるかもしれない

大川隆法　トルストイについては、〝ブラックボックス〟で、ずっと蓋《ふた》をしていましたが、「この人は、イエスの生まれ変わりではないかな」と少し思ってはいたのです。

私は、イエスと直接話をしているので、あまり気にしていませんでしたし、ロシア語の勉強ができていないため遠慮《えんりょ》していたのですが、やはり、そうだったんですね。やはり、イエスの生まれ変わりでしたか。

ただ、トルストイは生きている間に世界に認められたのですから、A.D.一世紀の段階のイエスよりは仕事をしたのかもしれませんね。

イエスと同時代のユダヤの歴史家の書いた文献《ぶんけん》を見ると、イエスについての記述は数行しかありません。例えば、ヨセフスの『ユダヤ古代誌』には、「奇《き》跡《せき》を行う教師がいて、十字架《じゅうじか》に架かって死んだ」というぐらいの簡単な記述しかなく、ユダヤの歴史上の預言者ほどの扱《あつか》いを受けていないのです。

つまり、イエスの偉大《いだい》さは同時代人にも分からなかったわけです。イエスは、強盗犯《ごうとうはん》たちと一緒《いっしょ》に十字架に架けられて殺された人であり、そういう扱いを受けたわけですから、後世、あれだけ大きなものになるとは思わなかったのでしょう。

もしかしたら、トルストイが「ロシア復活の起爆剤《きばくざい》」になってくるかもしれませんし、ロシアでの宗教改革は、「ロシア正教会が、トルストイを破門した罪を認めて、謝罪し、彼をもう一回立てる」というところから始まるかもしれません。

幸福の科学の世界ミッションは共産圏《けん》とイスラム圏の改革

大川隆法　また、「幸福の科学には、イエスが指導霊《しどうれい》として入っている」ということを、しっかり認識してもらうことで、ロシア伝道《でんどう》は進むでしょう。

いずれにしても、私たちに残された宿題としては、「ロシアと中共《ちゅうきょう》、つまり旧ソ連圏《けん》と中国・北朝鮮《きたちょうせん》等に残る唯物論《ゆいぶつろん》的な共産主義勢力を、神を認め、信仰《しんこう》する勢力に改める仕事」と、「キリスト教圏と対立しているイスラム圏の貧しさを解消する仕事」があります。

石油が出る所はよいのですが、貧しい農村地帯に広がっているイスラム教には、実は共産主義と同じような体制を持っている面があるので、これを自由で繁栄《はんえい》のある社会に持っていくために努力することです。

この二つが幸福の科学の世界ミッションとしては、大きなものだと思います。

当会は、今、それができる立場にあるのかもしれませんね。もう一段の力がつけば可能だと思います。私たちは二十六年間活動してきましたが、望むらくは、どこかで加速度がつき、世界に対して今の十倍以上の力が持てるようになれば、このミッションを果たせる可能性もあります。

ロシア伝道も、いよいよ本格化していくでしょう。楽しみですね。

キリスト教においては、イエスが処刑《しょけい》されたあと、弟子《でし》もしばらく雲散霧消《うんさんむしょう》して、細々と隠《かく》れてつながっていました。それが、A.D.三百年代の終わりになって、やっとローマの皇帝《こうてい》が帰依《きえ》して国教になり、それから千数百年かけて世界に広がったものなので、時間がかかるわけなのでしょう。

生きているうちに認められただけでも、ある意味ではすごいことなのかもしれませんね。

トルストイとはまったく違《ちが》う大江健三郎《おおえけんざぶろう》氏の「平和主義」

大川隆法　残念ながら、大江健三郎《おおえけんざぶろう》氏の守護霊は、地上の本人に張り憑《つ》いていて、「自分は霊だ」という意識がなく、霊界《れいかい》に住んでいることを知りませんんでした。

大江氏の守護霊は、「大江健三郎の意識の一部を大川隆法が読み取っているだけだ」と思っているような感じであり、先般《せんぱん》、収録した李克強《りこくきょう》の守護霊とそっくりでした（『李克強 次期中国首相 本心インタビュー』〔幸福実現党刊〕参照）。

李克強守護霊も、「中国は霊界を認めていないんだ。ただ、超能力《ちょうのうりょく》は認めている。超能力によって、心の声を読むことは可能だと思う」というようなことを言っていましたが、大江氏の守護霊も、ある意味で、同じような感じでした。

以前、朝日新聞の社長の守護霊を呼んだことがありましたが（注。二〇〇三年七月、当時の朝日新聞社社長、箱島信一《はこしましんいち》氏の守護霊を招霊《しょうれい》した）、あのときも地上に生きている本人と守護霊とが一体化していました。

「霊やあの世を信じていない守護霊」が存在していること自体、驚《おどろ》きですが、完全に本人と密着していて、「本人だ」と思っている霊がいたわけです。本人があの世を否定している場合、守護霊もそのようになってしまうのかもしれません。

大江氏の場合もそのような感じだったので、彼がいくら「平和主義」と言っても、トルストイやガンジーとは違《ちが》います。

トルストイとガンジーは、二人とも九次元霊でしたが（注。ガンジーは九次元霊マヌの魂《たましい》の兄弟（分身）である。『神々が語る レムリアの真実』〔幸福の科学出版刊〕参照）、あちらは、このままだと、残念ながら、死後、「どこかに閉じ込《こ》められる世界」に行くことになるかもしれません。私は、そういう感じを受けます。

「新しい世界戦略」をつくって、もう一段、頑張《がんば》りたい

大川隆法　トルストイのメッセージがロシアに届くといいですね。

そして、それが、北方四島問題の解決から、韓国《かんこく》・中国との領土問題の解決に続いていくといいですね。もし〝柔道家《じゅうどうか》〟がいたら、ぜひとも、ロシアに〝技《わざ》〟をかけてくだされればありがたいなと思います。

今回、トルストイから、一つの考え方が出されました。思想は仕事をしますので、向こうも日本人がトルストイを評価してくれれば、うれしいことはうれしいでしょう。プーチンだって、あれだけ反プーチンデモをやられているなか、日本で、「プーチンは偉《えら》い」とほめてくれたら、多少はうれしいだろうと思い

ます。

いずれにせよ、「新しい世界戦略」をつくらなければいけませんね。仕事は時間がかかるのが普通《ふつう》ですから、何とも言えませんが、トルストイの意見はありがたかったです。

まあ、なかなか思ったようにはいかないものですね。しかし、トルストイは生前、名声に包まれて、世界中から聖者の扱いをきちんと受けていたので、大したものだと思います。

当会も頑張《がんば》りましょう。もう一頑張りですね。

では、以上とします。

あとがき

私自身、少年時代に『トルストイの民話』を通して、リアリティーをもって悪魔の存在を知った者である。

さて、ガンジーやトルストイらの業績を念頭に置きつつ、九次元霊が現代の地上でどこまで使命を果たせるか、私自身に対しても大きな課題である。私もすでに千冊を超える書籍を刊行し、全世界に数億の愛読者と、約百カ国に熱烈な信者を有している宗教家である。講演を通して、日本全国と、全世界に巡錫《じゅんしゃく》を続けている。

「光あるうちに、光のうちを歩め。」というトルストイの言葉を、虚しい響きとさせないためにも、残された人生を、闇を追い払う光として生き切りたいと思っている。仏教、キリスト教、イスラム教、日本神道などを融合《ゆうごう》しつつ、大きく乗り越えていく、愛と平和の波動をつくり出すことができればと、心の底から願っている。

二〇一二年　九月十日

幸福《こうふく》の科学《かがく》グループ創始者兼総裁《そうししゃけんそうさい》　大川隆法《おおかわりゅうほう》

『トルストイ――人生に贈る言葉』　大川隆法著作関連書籍

『大江健三郎に「脱原発」の核心を問う』（幸福の科学出版刊）
『「文春」に未来はあるのか』（同右）
『芥川龍之介が語る「文藝春秋」論評』（同右）
『司馬遼太郎なら、この国の未来をどう見るか』（同右）
『地獄の条件――松本清張・霊界の深層海流』（同右）
『ロシア・プーチン新大統領と帝国の未来』（幸福実現党刊）

トルストイ――人生《じんせい》に贈《おく》る言葉《ことば》

2012年9月27日　初版第1刷

著者　大《おお》川《かわ》隆《りゅう》法《ほう》

発行所　幸福の科学出版株式会社

〒107-0052 東京都港区赤坂2丁目10番14号
TEL(03)5573-7700
http://www.irhpress.co.jp/

印刷・製本　株式会社 東京研文社

落丁・乱丁本はおとりかえいたします

ISBN978-4-86395-245-4 C0014

大川隆法ベストセラーズ・偉人の転生と思想を明かす

黄金の法

エル・カンターレの歴史観

歴史上の偉人たちの活躍を鳥瞰しつつ、隠されていた人類の秘史を公開し、人類の未来をも予言した、空前絶後の人類史。

2,000円

公開霊言
老子の復活・荘子の本心

中国が生んだ神秘思想の源流を探る

中国の神秘思想のルーツ――老子と荘子が、欧米と張り合って苦しんでいる現代の中国人に語った、自由と平和へのメッセージ。

1,400円

ゾロアスターとマイトレーヤーの降臨

知られざる神々の真実

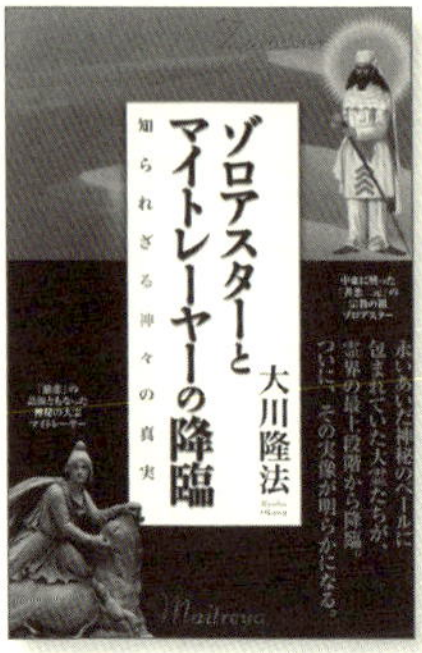

なぜ、宗教戦争は終わらないのか。地球の未来はどうなっていくのか。公開霊言によって、霊界のトップ・シークレットの一端が明らかに。

1,300円

※表示価格は本体価格(税別)です。

大川隆法ベストセラーズ・文豪の霊言

司馬遼太郎なら、この国の未来をどう見るか

現代日本に求められる人材とは。〝維新の志士〟は今、どう戦うべきか。国民的作家・司馬遼太郎が日本人へ檄を飛ばす！

1,300円

芥川龍之介が語る「文藝春秋」論評

菊池寛の友人で、数多くの名作を遺した芥川龍之介からのメッセージ。菊池寛の死後の様子や「文藝春秋」の実態が明かされる。

1,300円

地獄の条件 ―松本清張・霊界の深層海流

社会悪を追及していた作家が、なぜ地獄に堕ちたのか？　戦後日本のマスコミを蝕む地獄思想の源流の一つが明らかになる。

1,400円

大川隆法ベストセラーズ・世界情勢の行方を探る

ロシア・プーチン 新大統領と帝国の未来

守護霊インタヴュー

中国が覇権主義を拡大させるなか、ロシアはどんな国家戦略をとるのか!? また、親日家プーチン氏の意外な過去世も明らかに。

【幸福実現党刊】

1,300円

ヒラリー・クリントンの政治外交リーディング

同盟国から見た日本外交の問題点

竹島、尖閣と続発する日本の領土問題……。国防意識なき同盟国をアメリカはどう見ているのか？　クリントン国務長官の本心に迫る！

【幸福実現党刊】

1,400円

李克強 次期中国首相 本心インタビュー

世界征服戦略の真実

「尖閣問題の真相」から、日本に向けられた「核ミサイルの実態」、アメリカを孤立させる「世界戦略」まで。日本に対抗策はあるのか!?

【幸福実現党刊】

1,400円

※表示価格は本体価格(税別)です。

大川隆法ベストセラーズ・左翼思想を検証する

大江健三郎に「脱原発」の核心を問う

守護霊インタビュー

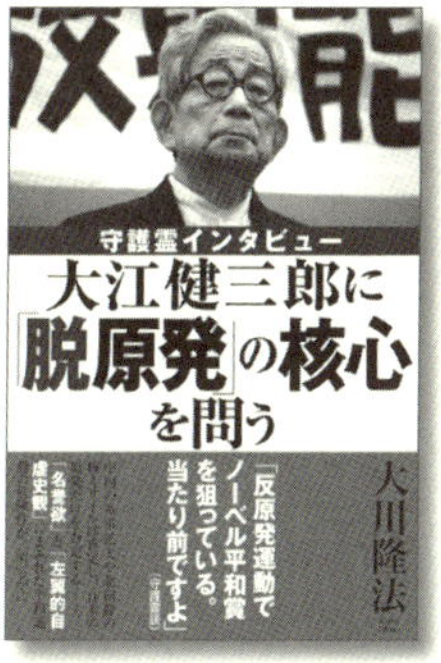

左翼思想と自虐史観に染まった自称「平和運動家」の矛盾が明らかに！ 大江氏の反日主義の思想の実態が明らかになる。

1,400円

核か、反核か

社会学者・清水幾太郎の霊言

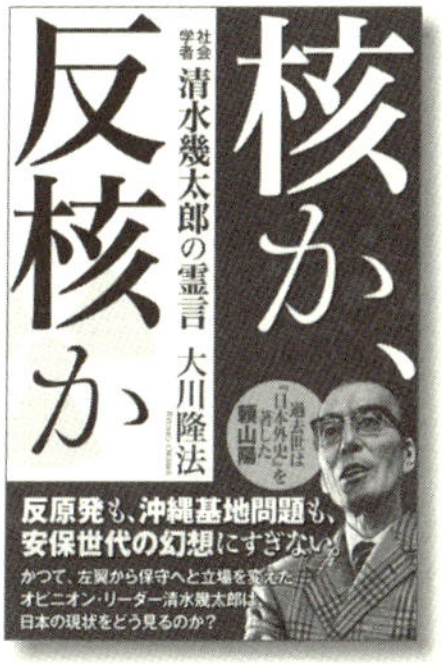

左翼勢力の幻想に、日本国民はいつまで騙されるのか？ 左翼から保守へと立場を変えた清水幾太郎が、反核運動の危険性を分析する。

1,400円

マルクス・毛沢東のスピリチュアル・メッセージ

衝撃の真実

共産主義の創唱者マルクスと中国の指導者・毛沢東。思想界の巨人としても世界に影響を与えた、彼らの死後の真価を問う。

1,500円

幸福の科学出版

大川隆法ベストセラーズ・希望の未来を切り拓く

不滅の法
宇宙時代への目覚め

「霊界」「奇跡」「宇宙人」の存在。物質文明が封じ込めてきた不滅の真実が解き放たれようとしている。この地球の未来を切り拓くために。

2,000円

繁栄思考
無限の富を引き寄せる法則

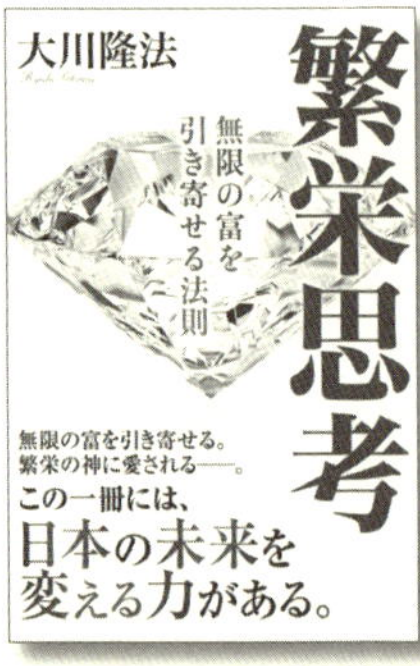

豊かになるための「人類共通の法則」が存在する——。その法則を知ったとき、あなたの人生にも、繁栄という奇跡が起きる。

2,000円

心を癒す
ストレス・フリーの幸福論

人間関係、病気、お金、老後の不安……。ストレスを解消し、幸福な人生を生きるための「心のスキル」が語られた一書。

1,500円

※表示価格は本体価格（税別）です。

大川隆法ベストセラーズ・神秘の扉が開く

神秘の法

次元の壁を超えて

2012年10月6日
ロードショー

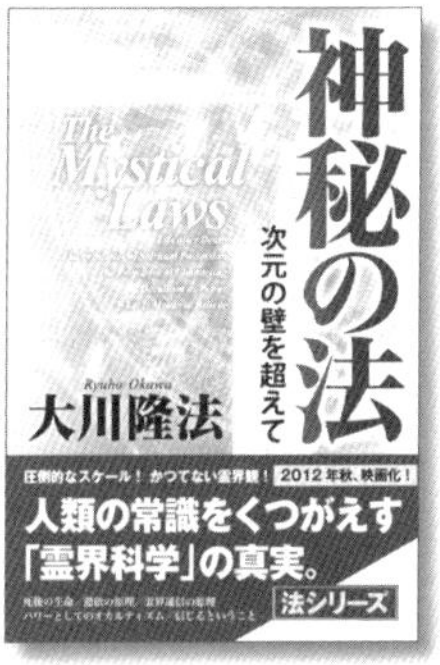

この世とあの世を貫く秘密を解き明かし、あなたに限界突破の力を与える書。この真実を知ったとき、底知れぬパワーが湧いてくる！

1,800円

公式ガイドブック①
映画「神秘の法」が明かす近未来シナリオ

［監修］大川隆法

この世界は目に見える世界だけではない。映画「神秘の法」に込めた願いが熱く語られる、近未来予言映画第2弾の公式ガイドブック。

1,000円

幸福の科学グループのご案内

宗教、教育、政治、出版などの活動を通じて、地球的ユートピアの実現を目指しています。

宗教法人　幸福の科学

一九八六年に立宗。一九九一年に宗教法人格を取得。信仰の対象は、地球系霊団の最高大霊、主エル・カンターレ。世界百カ国に迫る国々に信者を持ち、全人類救済という尊い使命のもと、信者は、「愛」と「悟り」と「ユートピア建設」の教えの実践、伝道に励んでいます。

（二〇一二年九月現在）

公式サイト
http://www.happy-science.jp/

愛

幸福の科学の「愛」とは、与える愛です。これは、仏教の慈悲《じひ》や布施《ふせ》の精神と同じことです。信者は、仏法真理をお伝えすることを通して、多くの方に幸福な人生を送っていただくための活動に励んでいます。

悟り

「悟り」とは、自らが仏の子であることを知るということです。教学《きょうがく》や精神統一によって心を磨き、智慧《ちえ》を得て悩みを解決すると共に、天使・菩薩《ぼさつ》の境地を目指し、より多くの人を救える力を身につけていきます。

ユートピア建設

私たち人間は、地上に理想世界を建設するという尊い使命を持って生まれてきています。社会の悪を押しとどめ、善を推し進めるために、信者はさまざまな活動に積極的に参加しています。

国内外の世界で貧困や災害、心の病で苦しんでいる人々に対しては、現地メンバーや支援団体と連携して、物心両面に渡り、あらゆる手段で手を差し伸べています。

年間３万人を超える自殺者を減らすため、全国各地で街頭キャンペーンを展開しています。

公式サイト
http://www.withyou-hs.net/

ヘレン・ケラーを理想として活動する、ハンディキャップを持つ方とボランティアの会です。視聴覚障害者、肢体不自由な方々に仏法真理を学んでいただくための、さまざまなサポートをしています。

公式サイト
http://www.helen-hs.net/

INFORMATION

お近くの精舎・支部・拠点など、お問い合わせは、こちらまで！
幸福の科学サービスセンター
TEL. 03-5793-1727 （受付時間 火～金：10～20時／土・日：10～18時）
幸福の科学グループサイト http://www.hs-group.org/

教育

学校法人 幸福の科学学園

幸福の科学学園中学校・高等学校は、幸福の科学の教育理念のもとにつくられた学校です。人間にとって最も大切な宗教教育の導入を通じて精神性を高めながら、ユートピア建設に貢献する人材輩出を目指しています。

幸福の科学学園
中学校・高等学校（男女共学・全寮制）
2010年4月開校・栃木県那須郡

TEL 0287-75-7777
公式サイト
http://www.happy-science.ac.jp/

関西校（2013年4月開校予定・滋賀県）
幸福の科学大学（2015年開学予定）

仏法真理塾「サクセスNo.1」

小・中・高校生が、信仰教育を基礎にしながら、「勉強も『心の修行』」と考えて学んでいます。

TEL 03-5750-0747（東京本校）

心の面からのアプローチを重視して、不登校の子供たちを支援しています。また、障害児支援の「**ユー・アー・エンゼル！**」運動も行っています。

不登校児支援スクール「ネバー・マインド」

幼少時からの心の教育を大切にして、信仰をベースにした幼児教育を行っています。

エンゼルプランV

NPO 活動支援

学校からのいじめ追放を目指し、さまざまな社会提言をしています。また、各地でのシンポジウムや学校への啓発ポスター掲示等に取り組むNPO「いじめから子供を守ろう！ネットワーク」を支援しています。

公式サイト http://mamoro.org/

ブログ http://mamoro.blog86.fc2.com/

相談窓口 TEL.03-5719-2170

政治

幸福実現党

内《ない》憂《ゆう》外《がい》患《かん》の国難に立ち向かうべく、二〇〇九年五月に幸福実現党を立党しました。創立者である大川隆法党名誉総裁の精神的指導のもと、宗教だけでは解決できない問題に取り組み、幸福を具体化するための力になっています。

党員の機関紙
「幸福実現News」

TEL 03-6441-0754
公式サイト
http://www.hr-party.jp/

出版
メディア
事業

幸福の科学出版

大川隆法総裁の仏法真理の書を中心に、ビジネス、自己啓発、小説など、さまざまなジャンルの書籍・雑誌を出版しています。他にも、映画事業、文学・学術発展のための振興事業、テレビ・ラジオ番組の提供など、幸福の科学文化を広げる事業を行っています。

TEL 03-5573-7700
公式サイト
http://www.irhpress.co.jp/

入会のご案内

あなたも、幸福の科学に集い、ほんとうの幸福を見つけてみませんか？

幸福の科学では、大川隆法総裁が説く仏法真理をもとに、
「どうすれば幸福になれるのか、また、
他の人を幸福にできるのか」を学び、実践しています。

入会

大川隆法総裁の教えを学ぼうとする方なら、どなたでも入会できます。入会された方には、『入会版「正心法語」』が授与されます。（入会の奉納は1,000円目安です）

ネットでも**入会**できます。詳しくは、下記URLへ。

三帰《さんき》誓願《せいがん》

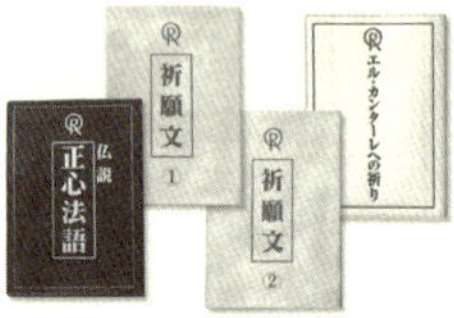

仏弟子としてさらに信仰を深めたい方は、仏・法・僧の三宝への帰依を誓う「三帰誓願式」を受けることができます。三帰誓願者には、『仏説・正心法語』『祈願文①』『祈願文②』『エル・カンターレへの祈り』が授与されます。

植福《しょくふく》の会

植福は、ユートピア建設のために、自分の富を差し出す尊い布施の行為です。布施の機会として、毎月1口1,000円からお申込みいただける、「植福の会」がございます。

「植福の会」に参加された方のうちご希望の方には、幸福の科学の小冊子（毎月1回）をお送りいたします。詳しくは、下記の電話番号までお問い合わせください。

月刊「幸福の科学」

ザ・伝道

ヤング・ブッダ

ヘルメス・エンゼルズ

INFORMATION	幸福の科学サービスセンター TEL. 03-5793-1727（受付時間 火〜金:10〜20時／土・日:10〜18時） 宗教法人 幸福の科学 公式サイト http://www.happy-science.jp/